América aracnídea

Ana Luiza Beraba

América aracnídea

Teias culturais interamericanas

CIVILIZAÇÃO BRASILEIRA

Rio de Janeiro
2008

COPYRIGHT © 2008, Ana Luiza Beraba

CAPA E ENCARTE
Tita Nigrí

IMAGENS DO ENCARTE
Com exceção das imagens acompanhadas de crédito, todas as demais pertencem ao arquivo da Casa de Rui Barbosa e foram fotografadas por Cristina Lacerda

PROJETO GRÁFICO DE MIOLO
Evelyn Grumach e João de Souza Leite

CIP-BRASIL. CATALOGAÇÃO-NA-FONTE
SINDICATO NACIONAL DOS EDITORES DE LIVROS, RJ

B424a
Beraba, Ana Luiza, 1979-
    América aracnídea: teias culturais interamericanas / Ana Luiza Beraba. – Rio de Janeiro: Civilização Brasileira, 2008.
    il.

    Inclui bibliografia
    ISBN 978-85-200-0679-5

    1. Relações culturais. 2. Brasil – Relações – América Latina. 3. América Latina – Relações – Brasil. I. Título.

08-3024
CDD – 306
CDU – 316.7

Todos os direitos reservados. Proibida a reprodução, armazenamento ou transmissão de partes deste livro, através de quaisquer meios, sem prévia autorização por escrito.

Direitos desta edição adquiridos pela
EDITORA CIVILIZAÇÃO BRASILEIRA
Um selo da
EDITORA RECORD LTDA.
Rua Argentina 171 – 20921-380 – Rio de Janeiro, RJ – Tel.: 2585-2000

PEDIDOS PELO REEMBOLSO POSTAL
Caixa Postal 23.052 – Rio de Janeiro, RJ – 20922-970

Impresso no Brasil
2008

às aranhas

Sumário

INTRODUÇÃO
O fio de seda 9

CAPÍTULO 1
As glândulas 21

CAPÍTULO 2
A teia 51

CAPÍTULO 3
As presas 143

CONSIDERAÇÕES FINAIS
América aracnídea 179

BIBLIOGRAFIA 191

ANEXOS 197

Introdução
O fio de seda

> Não há ainda na América um internacionalismo espiritual. Cada uma das repúblicas da mesma estirpe se liga à Europa por fios que não se tocam, sem tramas e sem caminhos de través; e ainda não se achou até hoje um meio de araquinidizar, se assim posso dizer, um meio de urdir a teia dessa irmandade que se desconhece e que se ama sem amplexos.
>
> João Ribeiro, 1906

Este é um trabalho sobre o projeto de "araquinidização" da América. No início dos anos 1940, a Europa tomada pela Guerra, os Estados Unidos tentaram se apossar desses mesmos fios, tomando as rédeas do continente, exportando sorrisos e simpatia em troca da devoção política. O projeto de união pan-americana, do ponto de vista estadunidense, era um enorme cacho de republiquetas penduradas em fios de *nylon* como os penduricalhos de Carmen Miranda.

O Brasil, ao mesmo tempo que agarrava com força e esperança esse grosso fio de *nylon*, secretava seus próprios fios. Fios de seda, bem visíveis à contraluz, brilhantes e viscosos. E tecia sua própria trama, construindo caminhos de través. Este é um trabalho sobre a teia cultural armada entre o Brasil e a América Latina nos anos 1940. O motor: o Estado brasileiro. Os agentes: um grupo de intelectuais ligados, simultaneamente, ao movimento modernista e ao Itamaraty. A via: o "Pensamento da América".

"Pensamento da América" foi o suplemento dominical do jornal oficial do Estado Novo, *A Manhã*. Foi publicado regularmente, de agosto de 1941 a fevereiro de 1948, e era encarregado de divulgar em suas páginas tudo o que fosse relativo ao *espírito pan-americano*. Nele, os leitores brasileiros podiam encontrar artigos sobre literatura, música, história, artes plásticas, política, folclore, dança, geografia, urbanismo, enfim, toda espécie de atividade cultural cuja "origem" estivesse dentro do continente americano. No entanto, nada de Zé Carioca ou de Carmen Miranda. A proposta brasileira era outra.

O objetivo deste trabalho é saber com *qual* América o Brasil se enredou. É tentar compreender como o país percebia o seu próprio continente e como buscava seu lugar dentro dele. É conhecer *quais* brasileiros se interessaram em empreender este projeto e *quais* americanos foram privilegiados por ele. "Pensamento da América" nasceu do encontro entre uma necessidade política, uma vontade intelectual e um trabalho diplomático. E é a sua amplitude que nos dá as pistas para a reconstrução da enorme teia que se criou.

Afrânio de Melo Franco fala das "vinte e uma repúblicas irmãs".[1] Cassiano Ricardo afirma que "há vinte e uma formas de ser americano, e não uma apenas".[2] Por América, entende-se aqui as vinte e uma repúblicas independentes que, naquele tempo, formavam o continente: Argentina, Brasil, Uruguai, Paraguai, Chile, Bolívia, Peru, Colômbia, Venezuela, Equador, Panamá, Costa Rica, Nicarágua, Honduras, El Salvador, Guatemala, México, Estados Unidos, Canadá, Cuba e República Dominicana, com uma ressalva ao Haiti, que vez ou outra é citado. Por esta razão, chamo de "americano" tudo o que é próprio do continente americano, reservando o termo "estadunidense" para me referir ao que provém dos Estados Unidos. Como vemos, a América que interessava no momento não era a latina nem a anglo-saxônica. Era todo pedaço de chão que pertencesse às fronteiras do mapa americano, traçado com ignorância por grande parte dos seus habitantes, às vezes nem sequer traçado.

Os agentes desse projeto, produtores culturais americanos, são unânimes na queixa contra uma "comum e recíproca ignorância" em relação à geografia política da América. A poetisa chilena Gabriela Mistral, uma das maiores colaboradoras do suplemento, compara este estado de desconhecimento mútuo a

> uma árvore absurda, partida em duas frondes que, separadas no tronco por somente cinco polegadas, se repudiam e dividem no alto por um rasgão e um vazio de metros. O tronco é um, a seiva é uma, e a espécie e o gênero também, mas a árvore teve o louco humor de não ver as duas frondes. De ramo a ramo, não corre nenhuma palpitação emocional comum, e sua raiz única parece um mito.[3]

Estas são as Américas, afetadas por um "separatismo de ordem moral e política" que procurava "opor a América inglesa à América espanhola, assim como esta ou aquela (ou ambas) à portuguesa".[4] Para um diplomata colombiano em visita ao Brasil, éramos como dois irmãos criados a distância que, apesar do mesmo sangue, não se sabe exatamente "como pensa e como sente êsse (sic) irmão e quais são suas peculiaridades e qual o seu ritmo de vida".[5]

As metáforas podem ser as mais variadas: rios congelados, tecido rompido, parentes que se dão as costas... A idéia era sempre a mesma: há um desconhecimento mútuo que precisa ser dissipado. É preciso romper com esse regime de "isolacionismo estanque". A proposta do suplemento era a de uma aproximação cultural. Seu foco de interesse não era a vida política dos países vizinhos nem suas notícias cotidianas, muito menos seus transes econômicos. O que estava em pauta era a divulgação dos valores literários e artísticos dos demais povos do continente. É isso que entendo por "tecer teias culturais" ou "araquinidizar" o continente. "Pensamento da América" foi uma tentativa longa e persistente de romper com situações de estranheza e desconhecimento, como se Venezuela e Vênus fossem a mesma realidade. Brito Broca ironiza:

> E, ao viajante de regresso de certos países como a Venezuela ou a Colômbia, há gente capaz de fazer a mesma pergunta daquele personagem do Eça a Carlos da Maia, quando este declarava ter visitado a Inglaterra: — "E há lá disso, poetas de pulso, folhetinistas, literatura amena como aqui?..."[6]

Dentro da conjuntura internacional dos anos 1940, urgia transformar esse estado de ignorância generalizado. Era de interesse público uma aproximação "fraterna" entre as "repúblicas irmãs": laços foram recuperados, origens comuns exaltadas, velhas disputas eclipsadas, preconceitos dissipados, um futuro comum assegurado. Até mesmo pequenas coincidências, filhas do acaso, eram vistas como sinal do destino, como no artigo de Gabriela Mistral, que, exultante, nota que tanto o Chile quanto o Brasil festejam suas datas nacionais em setembro.[7] Forças oficiais se empenharam em exterminar a América estilhaçada lançando "campanhas duras, sistemáticas, tenacíssimas", que fizeram com que "os jovens intelectuais brasileiros começassem a aceitar a verdade a respeito da América espanhola".[8] Com "aceitar a verdade", entenda-se lançar-se sem preconceitos às criações do continente, descobrindo seus grandes talentos literários e artísticos. Acácio França, outro colaborador assíduo, se propõe a "incentivar o pan-americanismo, tão pobre de autores, explicavelmente desconhecidos entre iletrados e estranhamente desprezados por letrados aqui como ali ou acolá".[9] E Sylvio Julio condena a pré-indisposição brasileira:

> O pior era que os nossos literatos, não havendo visto um livro de Sarmiento, de Rodó, de Darío, de Chocano, fulminaram com o seu injusto desprezo as democracias do Novo Mundo que, segundo o prejuízo da moda, não passavam de retrógradas bárbaras incapazes republiquêtas.

A isso se prestava "Pensamento da América": refazer a imagem da América, aproximando-a dos brasileiros que, sob o Estado Novo, viam-se bombardeados por um novo país. À reconstrução da auto-estima nacional, unia-se o papel do Brasil no jogo internacional. Como estava em voga na época, a cultura se prestava a arma política, chegando mansa, sem picadas ardidas. Tratava-se, como o Terceiro Reich ou a democracia de Roosevelt, de impor pela sedução e pelo fascínio. E a América era uma dessas verdades a serem secretadas aos poucos, diluídas nas páginas oficiais de um suplemento cultural.

Minha proposta é explorar esse jornal que trançava lirismo e ideologia, ficção e realidade. Que tentava criar uma identidade nova para os brasileiros, havia séculos acostumados com as referências européias. Chegara a hora de deslocar o eixo: era a vez da América. "Pensamento da América" abraçava com entusiasmo esse novo ponto de referência, mas desprezava a idéia de uma América una, reduzida e concentrada nos Estados Unidos. Em 1942, chegam ao Brasil a Coca-Cola e o sorvete Kibon. "Pensamento da América" queria, além disso, pisco e rum, tequila e *ceviche*, *pupusas* e guacamoles. Sem esquecer, evidentemente, o feijão-tropeiro e a aguardente que coroam a mistura de sabores continentais. Como Cassiano Ricardo insiste, "há vinte e uma maneiras de ser americano, e não uma apenas".

Não é novidade que, nos anos 1940, deu-se o início do processo de *americanização* do Brasil, entendendo-se por *americanização* a adesão aos valores culturais dos Estados Unidos. O que proponho trazer de novo neste trabalho é uma outra vertente dessa *americanização*, uma opção multilateral de fios de través. Foi esta a opção proposta e defendida pelo Brasil varguista, que, de sorriso estampado no rosto, não se deixava submeter e buscava seu lugar ao sol. A interpretação brasileira do pan-americanismo é o fio que traspassa este trabalho.

* * *

Quando, no segundo ano da graduação em história no Instituto de Filosofia e Ciências Sociais da Universidade Federal do Rio de Janeiro, comecei a orientar meu interesse pelos intercâmbios culturais que *deveriam ter* existido entre o Brasil e a América Latina, fui desencorajada por muita gente que garantia ter sido irrelevante esse tipo de contato. Teimosa, levei mais de três anos entre encontrar o meu objeto de estudo, recolher os dados, organizá-los e, por fim, redigir. Minha proposta desde o início era constatar que houve, sim, contatos, teias, tramas e caminhos de través. E "Pensamento da América" é uma prova disso.

Durante esses três anos, aproveitava qualquer espaço de tempo livre para ir à biblioteca da Casa de Rui Barbosa, onde encontrei quase por acaso uma coleção pouco lacunar do suplemento. Sem receber bolsa e trabalhando simultaneamente em vários projetos culturais da cidade, apressava-me em copiar dados, avançando lentamente pelas 1.128 páginas daquele enorme volume outrora bem encadernado, e, pouco a pouco, fui percebendo o valor da fonte que tinha nas mãos.

Depois de fazer uma relação, em princípio exaustiva, de manchetes, fui, ano por ano, transcrevendo os artigos que mais me chamavam a atenção. O resultado final são mais de 300 páginas de texto de caráter informativo: todos os editoriais, muitos textos político-ideológicos, críticas literárias, pequenas notas, trechos de entrevistas, poemas. Decidi encerrar o levantamento em julho de 2003, e só em novembro pude me debruçar sobre o material recolhido, atribuindo-lhe sentido, enxergando a sua forma de teia: a partir daí, comecei a escrever.

Apesar do papel preponderante dos textos recolhidos, outras leituras foram fundamentais neste trabalho, dentre as quais destaco: as obras sobre o Estado Novo e sua política cultural, de Ângela de Castro Gomes; os trabalhos sobre o modernismo, em especial o verde-amarelo, de Mônica Pimenta Velloso; os estudos de Gerson Moura sobre as relações entre o Brasil e os Estados Unidos, na década de 1940; o trabalho sobre a política externa brasileira sob o Estado Novo, de Francisco Luiz Corsi; a compilação de artigos sobre autores-diplomatas do Itamaraty, organizada por Alberto da Costa e Silva; a análise da obra de Cassiano Ricardo, feita por Luiza Franco Moreira; o valioso estudo de Antonio Pedro Tota sobre o "imperialismo sedutor", de importância capital neste trabalho. Mais especificamente sobre as relações culturais existentes, destaco os poucos, mas preciosos, estudos que encontrei: o de Fred Ellison, sobre Alfonso Reyes e o Brasil (lançado no Brasil já na fase final do meu trabalho, foi uma enorme fonte de informação e de inspiração), e o pequeno livro de Emir Monegal sobre as relações entre Mário de Andrade e Borges nos anos 1920. Minhas principais fontes sobre literatura hispano-americana foram Manuel Bandeira, com seu manual publicado em 1949, e o ainda mais completo livro de Bella Jozef. Vale destacar também o enorme trabalho de Jorge Schwartz sobre as vanguardas latino-americanas. Sobre artes plásticas no continente, pautei-me sobretudo no belo livro de Dawn Ades.

Gostaria de registrar aqui que, em tudo o que li sobre o período, não encontrei referências a "Pensamento da América", salvo uma ou outra menção à sua existência, muito *en passant*. Trabalhos de análise dedicados ao suplemento, não encontrei nenhum. Essa lacuna tenta ser preenchida pela "pressa dos que perderam tempo, dos demorados, dos arrependidos".[10] O resultado é uma avalanche de informações que se entrelaçam mais do que se aprofundam. O material é vasto e está longe de ter sido esgotado. Há inúmeras indicações de possíveis caminhos a serem explorados. Percorri um bastante plano, mas aberto no espaço: uma varredura da teia, ao longo do seu tempo de vida. Para tanto, estruturei o texto em três capítulos.

O primeiro chama-se "As glândulas" e trata do órgão secretor do suplemento: um projeto de Estado que unia a política cultural do Estado Novo com sua política externa. A pergunta que esse capítulo tenta responder é como Vargas conseguiu conciliar um projeto eminentemente nacionalista de Estado com uma ideologia internacionalista como o pan-americanismo.

Uma possível explicação para essa questão é a tecedura que está nas entrelinhas de "Pensamento da América".

O segundo capítulo intitula-se "A teia" e faz de uma análise do corpo de "Pensamento da América", um rastreamento de sua vida, que seguiu com fôlego até fins de 1945 e agonizou lentamente até seu desaparecimento, no princípio de 1948. Além da tipologia do jornal, busco entender também as inserções políticas, complementando e esclarecendo as razões de sua existência. No entanto, o foco recai sobre os múltiplos assuntos tratados: literatura, música, folclore, história, artes plásticas etc. Procurei chamar atenção sempre para os possíveis contatos pessoais que se escondiam nas entrelinhas dos textos publicados e, sobretudo, para as *escolhas* literárias e artísticas: por que uns e não outros?

No último capítulo, chamado de "As presas", tento garimpar no material recolhido as providências tomadas para garantir o pan-americanismo a longo prazo, suas conquistas práticas, suas presas concretas. Trata-se, sobretudo, da atuação do Ministério das Relações Exteriores (Itamaraty) e de sua Divisão de Cooperação Intelectual, da qual faziam parte muitos colaboradores de "Pensamento da América". Esse capítulo mostra que o suplemento era peça de um jogo diplomático, reflexo de um jogo político.

Longe de ser um ensaio definitivo, este trabalho é uma proposta em contínua tecedura. Acácio França, um dos colaboradores assíduos do jornal, escreveu, em 1945, que o povo deveria aprender a *sentir* o americanismo "pelo ar que respira, pelos ouvidos, pelos olhos, pelo contágio mental, enfim, pela atmosfera que em seu entorno se forma".[11] É com uma amostra dessa atmosfera e desse contágio mental que nos depararemos daqui para a frente.

Antes, porém, gostaria de agradecer a todos os que me apoiaram e tornaram possível a publicação deste livro, que, na sua origem, foi uma monografia de graduação da faculdade de história da Universidade Federal do Rio de Janeiro. Apesar disso, sinto que parte dele se deu fora da universidade, em experiências de conversas, de viagens, de leituras, feitas de maneira algo desordenada e pouco sistemática, mas que me possibilitaram entrar no ambiente cultural latino-americano atual, onde busquei inspiração para falar do passado. Agradeço à enorme teia descontínua dessas pessoas das mais diferentes origens e áreas, que me deram estímulo suficiente para trabalhar com este tema: à minha orientadora, Andrea Daher, que aceitou esse desafio mesmo sem ser sua especialidade; à professora Bella Jozef, pela longa conversa que tivemos em novembro de 2003, no seu apartamento no Flamengo — sobretudo suas lembranças foram um incentivo insuperável para o início da escrita; ao Celso Castro, do Cpdoc/FGV, que me introduziu no mundo da pesquisa, nos dois anos e meio em que fui sua bolsista; ao Néstor García Canclini, que numa conversa em novembro de 2000, no MAM, Rio de Janeiro, deu o pontapé inicial deste trabalho; ao Josué Montello, que me introduziu na Biblioteca da Academia Brasileira de Letras; ao Eduardo Galeano, que me presenteou com um belo texto de divulgação para o livro; a Vera Lúcia Silveira de Lemos Novello e a Isabella Novello, filha e neta, respectivamente, do major Jayme Alves de Lemos, personagem deste trabalho; a Hector Perea, da UNAM, e Alicia Reyes pela cessão da linda foto aqui publicada na página 24 do encarte; a Luz Bajarano e Carla Branco, do Instituto Cervantes, e aos bibliotecários Leonardo Cunha, da Casa de Rui Barbosa, e Luis Antonio, da ABL.

Gostaria de agradecer, ainda, a um círculo de pessoas cujo carinho e apoio inestimável com leituras, comentários, sugestões, conversas e ajuda de todo tipo foram fundamentais nessa trajetória: Bernardo Esteves, Bruno Sá, Cecília Beraba, Elvira Lobato, Federico Lavezzo, Fernanda Passarelli, Fernando Pinto, Jérémie Desjardins, Julie Godefroy, Lygia Segala, Marcelo Beraba, Marcelo Mendes, Maria Thereza Pauletto, Milton Pauletto, Negra Lugones, Paola Gatto Pacheco, Rafael Cariello, Rafael Viegas, Rosana Kohl Bines e Stephane Chao.

Por último, fazendo a ponte com o presente, agradeço as conversas estimulantes sobre América Latina que tive ao longo dos últimos anos com Fernando Pérez, Paulo Paranaguá, Ivan Trujillo, Jorge Sánchez, Fernando Birri, José Carlos Avellar, Orlando Senna, Pedro Zurita, Octavio Getino, Francisco Lombardi, Fernando Solanas, Eduardo Constantini Jr. e Eduardo Galeano, todos parte de uma rede atual de intercâmbio interamericano.

Notas

1. "PdA", 22/1/1942.
2. "PdA", 22/1/1942.
3. "Espiritualidade chileno-brasileira: uma oração de Gabriela Mistral", em "PdA", 30/9/1945.
4. "Americanidade", em "PdA", 9/8/1941.
5. "Intercâmbio cultural entre o Brasil e os países da América", em "PdA", 28/10/1945.
6. "O Brasil e as literaturas americanas — pontos de referência para um estudo", em "PdA", 22/12/1946.
7. "Festas em setembro", em "PdA", 24/10/1942.
8. "Alfonsina Storni", por Sylvio Julio, em "PdA", 31/10/1943.
9. "Traduções", em "PdA", 28/1/1945.
10. "Espiritualidade chileno-brasileira: uma oração de Gabriela Mistral", em "PdA", 30/9/1945.
11. "Traduções", em "PdA", 28/1/1945.

CAPÍTULO 1 As glândulas

> A direção de *A Manhã* resolveu transformar em publicação mensal o seu suplemento pan-americano que, com o título de "Pensamento da América", vinha aparecendo semanalmente. Deu-lhe, para isso, nova feição, adotando o modelo de "Autores e Livros", o nosso suplemento literário(...) "Pensamento da América" passará a circular em fascículos de 16, 24 ou 32 páginas, conforme as necessidades e a matéria que tivermos a oferecer aos leitores. Sua paginação será seguida, de ano a ano, formando cada ano um volume, evocado um desses volumes oferecemos aos leitores um índice geral de autores e assuntos.[1]

Ao escrever esse editorial, Manuel Bandeira sabia que iria deixar seu amigo Ribeiro Couto satisfeito ao voltar de viagem. Ao partir em missão diplomática, deixara sob responsabilidade do autor de *Pneumotórax* a direção da coluna que idealizara cinco meses antes. Desde agosto de 1941, quando o governo Vargas resolveu criar o seu próprio jornal, intitulado *A Manhã*, sob direção de Cassiano Ricardo, uma página semanal vinha sendo dedicada, em forma de coluna, "à obra do mútuo conhecimento dos valores intelectuais do continente".[2] Essa iniciativa se tornou, sem dúvida, um importante instrumento de difusão oficial do pan-americanismo no Brasil, na década de 1940, principalmente nos anos da Segunda Guerra Mundial.

Que "Pensamento da América" fosse, em tão pouco tempo, promovido de página semanal a suplemento mensal, publicado em cadernos independentes, visando a colecionadores e encadernações, era uma vitória de uma iniciativa de risco, com público incerto e tempo de vida duvidoso. No entanto, tal suplemento surpreendeu seus ideólogos, conquistou público, rompeu os limites da Segunda Guerra e do governo Vargas e deu seus últimos suspiros em 1948, tendo sido editado durante quase sete anos. "Pensamento da América" e *A Manhã* nasceram juntos, em 9 de agosto de 1941, num projeto comum entre o Departamento de Imprensa e Propaganda (DIP) e intelectuais modernistas que ocupavam cargos-chave na política varguista. Cassiano Ricardo, poeta articulado com as propostas estado-novistas, era o diretor-geral do jornal e trabalhava junto com Múcio Leão, diretor do importante suplemento literário "Autores e Livros", que acabava de inspirar a transformação em fascículos de "Pensamento da América". Completavam a redação do jornal o poeta penumbrista Ribeiro Couto, o crítico cinematográfico Vinicius de Moraes, o crítico de arte Manuel Bandeira, e ainda Gilberto Freyre, Cecília Meireles, entre outros.

Já no seu primeiro número, *A Manhã* traz um editorial assinado por Cassiano Ricardo, no qual sela o programa e o caráter doutrinário do jornal. As expectativas se cumprem tratando-se de um regime nacionalista e autoritário:

> Aparecendo, portanto, num instante ímpar de nossa história — quando o corpo e a alma do autêntico Brasil emergem de um processo revolucionário que nos restituiu os veios mais secretos de nossa originalidade como povo e como Estado, o objetivo principal d'*A MANHÃ* é trabalhar por esta obra de confraternização brasileira e espelhar os fastos deste instante

emotivo e criador. O seu rumo está, assim, definido: ela pretende ser o pensamento brasileiro em função dos nossos ideais da nacionalidade.³

Falar de "veios secretos da nossa originalidade" ou dos "ideais da nacionalidade" não parece nada contraditório com o discurso do poeta Cassiano Ricardo, que em 1928 publicara *Martim Cererê*, importante ícone do grupo modernista Verde-Amarelo. E, de fato, Getúlio não poderia ter escolhido melhor pessoa para cuidar da divulgação dos seus feitos: foram os valores nacionalistas que deram forma à obra modernista de Ricardo,⁴ e agora lhe era dada a oportunidade de levar esses valores a todo o país. Já no início do editorial é esclarecido que *A Manhã* é um jornal de "amplitude nacional", quer pela sua ampla distribuição em todo o território brasileiro, quer pelo seu "espírito, por ter uma razão doutrinária que lhe justifica o aparecimento".⁵

Um pouco mais complicado é justificar o aparecimento, dentro desse jornal, de um suplemento cultural dedicado "aos valores literários e artísticos dos demais povos do continente".⁶ Ainda no mesmo editorial, Cassiano Ricardo garante que "[*A Manhã*] terá a missão de lutar, de ser um pensamento em ação na defesa vigilante de nossas *fronteiras espirituais*".⁷ Ora, aparentemente há uma certa contradição entre essas "fronteiras espirituais" e um programa voltado para os valores do continente e, portanto, destinado a romper fronteiras.

Ao longo de sua trajetória, "Pensamento da América" contou com a colaboração de um incrível time de pensadores brasileiros interessados na questão da cooperação intelectual com o continente e que colocou em evidência, nos mais de oitenta números publicados, dezenas de escritores e artistas de toda a América, do calibre de Gabriela Mistral, Walt Whitman, Alfonso Reyes, Pablo Neruda, Alfonsina Storni, Rubén Darío, Jorge Luis Borges, Vicente Huidobro, Juana de Ibarbourou, Charles Edward Eaton, Ricardo Palma e muitos outros.

O volume textual e iconográfico é enorme e deixa transparecer uma complexa rede de relações entre intelectuais brasileiros e latino-americanos, no decorrer dos anos 1940. O intercâmbio cultural foi intenso, revelando a concretização de um discurso. Essa troca tão fértil veio a reboque de questões político-ideológicas e de práticas diplomáticas, mas seu verdadeiro motor foram as relações interpessoais traçadas ao longo de anos em viagens, jantares, remessas de publicações, vizinhanças afetivas, trocas de cartas, no acaso. Essa busca unia, em maior ou menor escala, num ponto comum de interesse, Ribeiro Couto, Manuel Bandeira, Cecília Meireles, Renato Almeida, Dante Milano, Jorge de Lima, Vinicius de Moraes, para citar apenas alguns dos envolvidos nessas trocas.

É válido detectar três fases relativamente nítidas nos quase sete anos de história do suplemento. A primeira vai de agosto de 1941 a fevereiro de 1943 e corresponde à direção de Ribeiro Couto, com um período de seis meses em que Manuel Bandeira o substitui. É o aparecimento do jornal, sua curta infância como página semanal e a súbita entrada na adolescência como suplemento mensal: um turbilhão de propostas, de colaboradores, de descobertas e revelações. Em seguida, veio a direção de Renato Almeida, dedicado folclorista, a quem o jornal deve sua fase de maturidade e maior fertilidade, e que durou de março de 1943 a novembro de 1945. E por último a agonia, a mais misteriosa delas, que atravessou bravamente os anos de 1946 e 1947, até sua extinção em fevereiro de 1948. Em cada uma dessas fases, procurarei destrinçar *qual* América estava sendo apresentada ao público brasileiro.

Para entender como se deu a aparentemente contraditória simbiose entre o modernismo nacionalista e a doutrina panamericanista, que culminou com a publicação do suplemento em questão, é necessário entender a política externa do momento, assim como as novidades da política cultural de Vargas em sua íntima relação com alguns grupos modernistas.

UMA AMÉRICA COM DUAS ÂNCORAS

Quando Cassiano Ricardo escreveu, também em editorial de *A Manhã*, em setembro de 1941, que "o Brasil e os Estados Unidos são duas âncoras prendendo um só continente", sabia muito bem do que estava falando. À frente da linha editorial do jornal, Ricardo tinha de acatar o discurso da boa vizinhança e adaptar todo o seu raciocínio purista, que atravessou décadas. Isto porque o Brasil acabara de se alinhar com o bloco norte-americano, abrindo mão de possíveis parcerias com a Alemanha nazista, até pouco tempo flerte constante do governo Vargas.

Simpático às idéias da brasilidade verde-amarela, Getúlio não hesitou em incorporar vários dos seus representantes nas máquinas burocráticas do governo. Neste processo, o poeta Cassiano Ricardo recebeu a direção do jornal *A Manhã*, órgão oficial do governo. Era o veículo da "verdade nacional", e essa verdade era a *brasilidade*. Mas o momento internacional impunha outras verdades, e era melhor incorporá-las e tirar proveito do que ficar de fora.

Getúlio subiu ao poder em 1930, auge do entreguerras, época de redefinição da geopolítica mundial. A Primeira

Guerra significara o rompimento de um equilíbrio entre as nações européias, deixando um vazio de poder no plano internacional. Novos modelos começaram a surgir como alternativa, ávidos por conquistarem os mercados desamparados pela Guerra.

Um desses mercados era o latino-americano, antiga mina comercial inglesa, agora órfão de comprador para seus produtos agrários. Poderia ter sido a oportunidade de conquista de sua independência econômica, de desenvolvimento interno, da industrialização. E era esse o projeto de Getúlio para o Brasil. No entanto, no cenário internacional novas potências se desenhavam dispostas a "garfar" essa fatia sem dono. Estados Unidos e Alemanha apareciam como pólos ideológicos, propondo saídas, parcerias, negócios. Cabia a cada país escolher de que lado jogar.

A astúcia de Vargas levou-o a adotar o que Gerson Moura denominou *eqüidistância pragmática*. No período compreendido entre 1935 e 1941, o fundador do Estado Novo agiu de forma ambígua, com "aproximações alternadas e simultâneas a um e outro centro".[8] Essa atuação rendeu bons frutos ao seu projeto de desenvolvimento nacional, visto que a disputa entre os dois centros hegemônicos deixava um maior espaço de decisão para o Estado brasileiro. A concorrência com a Alemanha pelos mercados latino-americanos terminou por amenizar a entrada dos Estados Unidos neste território, aumentando, assim, o raio de ação da política nacional. Getúlio tinha consciência do alto poder de barganha que a situação lhe conferia. Exemplo claro de como o Brasil capitalizou essa disputa internacional a seu favor foi o caso da instalação da Siderúrgica Nacional.[9]

Pressionado a optar entre o nacional-socialismo alemão e o liberalismo democrático norte-americano, o Brasil manteve-se oficialmente neutro até 1941. O governo Vargas tinha personalidade suficiente para rechaçar uma adesão simples e direta. Tomaria todo o tempo disponível para analisar com calma, ponderar, negociar, avaliar cada vantagem. Apesar de o regime ter uma clara orientação nacionalista e de ter flertado de muito perto com os ideais nazistas, a proposta *internacionalista* dos Estados Unidos parecia bastante adequada para o Brasil se fortalecer e se impor no continente. Enquanto a divisa de Hitler previa uma pátria e um líder para um só povo — *ein Reich, ein Führer, ein Volk* —, os americanos defendiam a orquestração entre as diferentes nações, que, sem anular suas individualidades, deviam ser solidárias entre si, zelando pela *soberania continental*: era a América unida contra um inimigo maior e alienígena à região. Essa união continental não deixava de ter um sabor nacionalista forte. Getúlio deu ao projeto norte-americano novas interpretações, que iam ao encontro de seus interesses e de suas ideologias.

Os Estados Unidos conseguiram formular um projeto internacionalista, com fins claramente imperialistas, capitalizando a continuidade territorial do continente e desenvolvendo uma ideologia de roupagem geográfica e fins políticos: era o ressurgimento do pan-americanismo. Desde a virada do século, os Estados Unidos vinham tentando articular diplomaticamente as nações do continente, ainda seguindo os traços da doutrina Monroe, fixada em 1823, segundo a qual os Estados Unidos não permitiriam a recolonização da América por nações européias e defendiam o princípio de autodeterminação dos povos.

Em 1889-90 houve a Primeira Conferência Internacional dos Estados Americanos, em Washington, em que a delegação americana proclamava "a América para os americanos". A já resistente Argentina retrucava: "a América para a humanidade", e o século XX adentrava, junto com o corolário Roosevelt, direito à intervenção militar: Venezuela ocupada, Cuba ocupada, Nicarágua ocupada. Os anos 1920 foram marcados pelo controle político e econômico sobre a América Central, o Pacífico e o Caribe, considerados "área de segurança" desde o século XIX. Na 6ª Conferência Panamericana (Havana, 1928), os países latino-americanos reagem, defendendo a proibição de intervenção militar norte-americana no continente.[10]

A fronteira que separava a chamada política do Big Stick da camaradagem da boa vizinhança, marco da política externa americana dos anos 1930, era difusa: se até 1932 tropas militares ocupavam a Nicarágua, em 1928 o presidente Hoover usou pela primeira vez a expressão que, em 1933, seria retomada por Roosevelt: *Good Neighbor*. As conferências pan-americanas que se seguiram modificaram bastante o seu perfil, privilegiando não a intervenção, mas a *colaboração* entre os países do continente. A Conferência de Buenos Aires, em dezembro de 1936, é particularmente esclarecedora do *espírito de equipe* que animava as relações internacionais. Ficou resolvido que a ameaça à segurança de qualquer nação americana devia ser considerada ameaça a todas as demais. No mesmo ano, Roosevelt visitava o Brasil e expunha, em seu discurso, os novos métodos da diplomacia americana. Estava selada a cumplicidade continental.

Essa *comunhão solidária* precisa ser entendida dentro de uma conjuntura internacional muito precisa: em 1929, a crise da Bolsa de Nova York; em 1933, a ascensão de Hitler; a iminência de uma guerra; o recuo europeu. A prioridade naquele momento, principalmente depois de 1939, era a defesa do continente contra o inimigo externo. A ameaça de uma invasão do Eixo era real. Os Estados Unidos propunham que essa defesa viesse a partir da *cooperação militar* entre todas as nações do continente. Cada uma tinha seu papel a cumprir e, para que essa cooperação militar fosse eficaz, deveria haver uma *cooperação política* muito forte. E neste caso, essa cooperação, mais do que uma *demonstração de poder* norte-americano, era uma peça fundamental para a *consolidação* das alianças interamericanas e, por conseguinte, do sistema de poder proposto para as Américas.[11] Ou seja, para conseguir se auto-afirmar, os Estados Unidos tinham de se impor frente aos demais.

A partir dessa estratégia, os Estados Unidos distribuíram os papéis de cada um. Na Conferência dos Chanceleres, em 1942, ficou estabelecida uma espécie de divisão internacional do trabalho, coerente com a conjuntura bélica e com os interesses norte-americanos. Aos Estados Unidos cabia o envolvimento direto no conflito armado (envio de tropas, armamentos etc.), enquanto a América Latina deveria colaborar com um esforço econômico de apoio ao conflito (fornecimento de matéria-prima) e zelando pela sua ordem interna. Dessa forma, o continente compunha um arranjo estratégico cujo objetivo estava muito além da contribuição militar. Tratava-se da legitimação de um sistema de poder por meio de mecanismos de controle bastante sutis. Os Estados Unidos aumentavam, assim, a sua esfera de influência política, beneficiavam-se economicamente, castravam o desenvolvimento econômico dos países latino-americanos, afastavam o risco de políticas autônomas nesses países (como revoluções) e, o que é melhor, sem *"dar a impressão* de estarem interferindo nos negócios internos dos Estados soberanos".[12] Discretamente, a *soberania continental* se sobrepunha à *soberania nacional*. Era o oposto da política do Big Stick. E, como era de esperar, a recepção foi muito mais simpática. Antônio Pedro Tota, no seu livro O *imperialismo sedutor: a americanização do Brasil na época da Segunda Guerra Mundial*, faz um detalhado estudo sobre a estratégia de sedução norte-americana e de como a cultura foi peça-chave nesse processo.

A política da Boa Vizinhança foi um *instrumento* de execução de um plano de americanização do continente. Para conseguir atingir um preciso alvo político, a estratégia utilizada foi a atração cultural. Mas *quem* se pretendia conquistar? Segundo Tota, "existia uma América, isto é, os Estados Unidos, país grandioso com revolução industrial, magnatas, operários, Hollywood, arranha-céus, a modernidade, enfim. E as outras, sem nada disso".[13] Segundo a nominação do Departamento de Estado norte-americano, havia a *America* e as *others Americas*. E era esse bloco "*others*" que estava sendo disputado entre a Alemanha e os Estados Unidos.

Toda a prática política da Boa Vizinhança não passou de uma estratégia de conquista para vencer o bloco alemão. O que lhe conferia sentido e lhe dava força era a ameaça externa alemã. Tanto que ao recuo do nazismo seguiu-se o recuo dessa política. Pouco tempo depois, ambos foram extintos.

A época áurea da Boa Vizinhança foram os primeiros anos de Guerra. Ao longo da década de 1930, o presidente Roosevelt já vinha demonstrando preocupação com a defesa do continente. Sua visita a Getúlio, em 1936, foi uma espécie de marco inicial da *Good Neighbor*. Em 1940 há novas eleições nos Estados Unidos e o democrata Roosevelt tenta sua terceira reeleição. A guerra já estava em curso, o nazismo avançava próspero e ameaçador e sua principal bandeira eleitoral foi justamente a questão da segurança. Na prática, isso significava um maior estreitamento das relações com a América Latina. Já durante a campanha, Roosevelt recebeu apoio de um rico empresário que passou a ser peça-chave no novo governo do democrata: Nelson Rockefeller. Rockefeller foi o grande ideólogo da estratégia de americanização do continente via cultura. Ele acreditava que a melhor defesa do continente seria a estabilidade política e social e que o sucesso econômico era conseqüência de uma sólida base ideológica. Todo o seu esforço se concentrou na idéia de tornar os Estados Unidos um *modelo a ser seguido*. Por meio da cultura, faria com que todo o continente se adequasse à fórmula *liberalismo + democracia*. Na prática, bastava difundir a idéia de que os Estados Unidos detinham o segredo do sucesso e, por solidariedade, estavam dispostos a compartilhá-lo com as *others Americas*.

A estratégia era forjar, de forma não prepotente, uma "boa imagem" de "bons amigos", tanto dos Estados Unidos na América Latina quanto da América Latina nos Estados Unidos. A coesão e a hegemonia continental viriam pela "camaradagem". Era importante passar a imagem de que os americanos queriam *criar* e não *explorar*. E a principal via de propagação dessas idéias eram os meios de comunicação. Em 16 de agosto de 1940, alguns meses após o início do terceiro mandato de Roosevelt, foi criado, sob direção de Rockefeller, o Office for Coordination of Commercial and Cultural Relations between the Americas. Em 1941, muda de nome para Office of the Coordinator of Inter America Affairs (Ociaa). O principal objetivo do Office era formar uma rede de comunicação envolvendo vários países para difundir uma imagem positiva dos Estados Unidos, ao mesmo tempo que difamavam o Eixo. Era de seu interesse também difundir informações positivas sobre as *others Americas* nos Estados Unidos. Daí os braços abertos para as Carmens Mirandas e Arys Barrosos, que colocaram o tamborim nas mãos do Tio

Sam. Embora não houvesse nenhuma preocupação com a *autenticidade* dessas outras culturas, o "subcontinente" estava na ordem do dia. Bastava misturar referências latinas e brasileiras (como Carmen Miranda dançando rumba vestida de baiana) para que o ambiente tropical fosse sintetizado numa imagem "simpática" dos vizinhos. Nessa tentativa de celebrar todas as Américas reunidas, aparece o esforço de Walt Disney, que visitou o país em agosto de 1941 e realizou o filme *Alô, amigos*,[14] estruturado em episódios, buscando dar conta de todo o continente. O território latino-americano aparece, segundo Tunico Amâncio, como ficcional: cria-se uma "geografia criativa", ou seja, não se obedece às fronteiras e distâncias reais. O resultado são confusões que aos nossos olhos podem parecer absurdas, como a baiana dançando rumba ou animais selvagens em plenos centros urbanos. Mas o que importava, de fato, era saber se isso contribuía ou não para conquistar o alinhamento do continente durante os esforços de guerra. Essa era a teia secretada pelos Estados Unidos.

A INTERPRETAÇÃO BRASILEIRA DO PAN-AMERICANISMO

> Com as declarações contidas no discurso pronunciado na comemoração do "dia da Pátria", o presidente Getúlio Vargas desenvolveu ainda mais a doutrina que vem elaborando em torno da *interpretação brasileira do pan-americanismo*. (...) Apresenta-se, assim, mais uma oportunidade de pôr-se em relevo o papel que o Brasil vem desempenhando nos últimos anos como *guia das nações desse hemisfério* no tocante do que se pode chamar a filosofia política do neo-monroeismo (...)[15]

A declaração de Azevedo Amaral, publicada em *A Manhã* de setembro de 1941, assumia com todas as letras a postura do Estado Novo, naquilo que o diferençava da proposta norte-americana. A "interpretação brasileira do pan-americanismo" compunha uma importante peça no projeto de desenvolvimento do Brasil. Ainda que tenha atuado muitas vezes de forma ambígua e aparentemente contraditória, tentando conciliar antigas estruturas com novos sistemas,[16] Vargas era coerente. Para Moura, "o processo político do Estado Novo reflete esse 'empate' da luta política, que confere a Vargas um *extraordinário poder no processo decisório*. Ele se torna o árbitro das disputas que emanam das instâncias secundárias e mesmo das que ocorrem nas instâncias centrais de decisão".[17] Evitando qualquer tipo de decisão precipitada, esperava pacientemente que todos os argumentos divergentes estivessem claros para então avaliar qual a melhor opção.

Dessa forma, o governo brasileiro, por intermédio de Oswaldo Aranha, soube se impor no cenário internacional. A nomeação de Aranha para a pasta das Relações Exteriores, em março de 1938, representou uma decisão política de equilíbrio ministerial. Entre 1934 e 1937, Aranha fora embaixador em Washington e conferia aos ministérios de Getúlio uma posição pró-Estados Unidos para contrabalancear as pastas pró-Alemanha (Góes Monteiro, chefe do Estado-maior do Exército, e Eurico Dutra, ministro da Guerra). Assim, a eqüidistância se mantinha e as negociações seguiam. Oswaldo Aranha, apesar de preferir explicitamente o campo americano, recebia com ressalvas as propostas estadunidenses, muitas vezes recusando-as, mesmo sob pressão, e impondo seus limites. Rechaçava uma colaboração *unidirecional*, reivindicando a *bilateralidade*.

Pode-se dizer que o projeto de desenvolvimento nacional do governo Vargas era relativamente *autônomo* no sentido de que não *obedecia* a pressões e diretrizes externas. No entanto, pode-se dizer também que esse projeto *dependia* de financiamento externo.[18] Uma situação como esta levaria a pensar numa total subordinação do Brasil frente aos que se propunham a sustentar financeiramente esse projeto, minando qualquer pretensão de autonomia. No entanto, com habilidade política, Getúlio conseguiu conjugar ambas as coisas: apoio financeiro externo e decisões internas autônomas.

O Brasil entrou no jogo do pan-americanismo não por pressão norte-americana, mas sim porque era a chance de se afirmar como *potência* no continente. A situação toda estava a seu favor, tratava-se apenas de ter bom "jogo de cintura" na hora das negociações. E isso Oswaldo Aranha e Getúlio tiveram de sobra.

Seria sem dúvida exagero dizer que o Brasil "passou a perna" nos Estados Unidos. Mas gostaria de sustentar aqui a astúcia com a qual o Brasil inverteu os interesses americanos em seu próprio favor. Getúlio se deu rapidamente conta do desespero que rondava a política externa americana: a possibilidade de perder o seu "quintal" para um país europeu os enchia de temor. Estavam dispostos a tudo para não deixar que isso acontecesse. E trataram não de se *impor* — como fizeram na fase anterior —, mas de *conquistar* os vizinhos. Getúlio se deixou conquistar, conquistando em troca peças-chave para o desenvolvimento brasileiro.

Vargas queria fazer do Brasil uma nova potência na América. Habilmente diplomático, não pretendia ocupar o 1º lugar do *ranking* (o que significaria conflito com os Estados Unidos). O modesto Brasil contentava-se com um 1º lugar compartido, um espaço como potência regional, espécie de Estados Unidos da América do Sul. Daí a idéia de duas âncoras prendendo um único continente. A intenção era emergir como potência regional *junto* com os Estados Unidos e não *submisso* a eles. E a estratégia era clara: fortalecer economicamente o Brasil, industrializando-o. Em seguida, fortalecer-se como parceiro comercial prioritário dos países da América do Sul. Corsi afirma que, a partir de 1934, a política comercial do Brasil volta-se para o continente, num claro indício do desejo de se consolidar como pólo regional. E a lógica pan-americanista era bastante conveniente para a concretização desse projeto.

A adesão à ideologia pan-americanista que rondava o continente está justificada, assim como a posição do editor do jornal *A Manhã*. O que ainda permanece estranho é que esse editor tenha sido Cassiano Ricardo, conhecido por seus posicionamentos puristas, buscando a todo custo um genuíno "espírito nacional".

Assim como vários outros poetas modernistas, Ricardo compunha o quadro de funcionários do DIP, primo não muito distante do Ociaa, destinado à propaganda sistemática do governo e posto em andamento a partir de dezembro de 1939. Diretamente subordinado ao Executivo e dirigido por Lourival Fontes, o objetivo desse órgão era popularizar a ideologia do regime junto às classes populares, controlando a informação e a produção artística do período. O DIP transforma os canais de expressão da sociedade civil em veículos da ideologia governamental e a imprensa passa a ficar, a partir de 1937, subordinada ao Estado. Dentro da lógica de Francisco Campos, um dos grandes ideólogos do Estado Novo, somente o *controle* do Estado podia garantir a comunicação direta entre o governo e o restante da sociedade. E uma das características do DIP foi integrar essa rede de intelectuais modernistas ao sistema de governo.

É o próprio Vargas quem sentencia: "as forças coletivas que provocaram o movimento revolucionário na literatura brasileira (...) foram as mesmas que precipitaram, no campo social e político, a revolução vitoriosa de 30 (...)".[19] Ora, se tanto um como outro eram filhos das mesmas "forças coletivas", não havia razão de não se comunicarem fraternalmente. Não tardou, portanto, a que o regime político varguista se apropriasse do evento modernista eclodido em 1922 para construir sua base cultural. A relação entre política e cultura tornava-se cada vez mais promíscua e servia como diferencial do governo getulista. Sobre esta relação incestuosa, diz Monica Pimenta Velloso:

> A idéia é a de que a revolução literária, pondo em xeque os modelos estéticos importados, estaria *completa* com a revolução política do Estado Novo, cujo objetivo seria o de combater os modelos políticos tidos como alienígenas, como o liberalismo e o comunismo. O ideal da brasilidade e da renovação nacional é, então, apresentado como o elo comum que viria unir as duas revoluções: a artística e a política.[20]

A cultura e a política aparecem como extensão uma da outra, peça comum que se propõe a um mesmo fim. Coutinho lembra que, em 1922, ano da Semana de Arte Moderna, ocorreu a revolta dos Dezoito do Forte em Copacabana e sugere que "a consciência do país atingira um estado agudo de revolta contra a velha ordem, em seus diversos setores". E alerta:

> Não se trata de procurar precedências de um fator sobre os outros (...) mas de reconhecer que era a estrutura da civilização brasileira (...) que mobilizava as forças para que-

brar as amarras de sujeição ao colonialismo mental, político e econômico, entrando firme *na era da maturidade e posse de si mesmo*.[21]

O Brasil vivia um momento em que se voltava para si mesmo, tentando se conhecer, se descobrir, se entender. E a questão do nacionalismo passou a ocupar um lugar primordial, unindo modernismo e Estado Novo.

Opondo-se veementemente à tradição parnasiana e simbolista, a grande preocupação inicial dos modernos era a de ser atual. No entanto, se a princípio o rótulo "modernista" cobria todas as iniciativas de ruptura, logo fragmentou-se em inúmeras correntes de diferentes ideologias políticas e com concepções variadas do que é *ser nacional*. À grande união inicial, necessária para efetivar o corte com seus "adversários passadistas", seguiu-se uma nova fase de articulação de propostas modernizadoras. Stegagno-Picchio expõe de maneira clara essa plurissegmentação do modernismo, chamando atenção para o "momento em que o denominador comum é apenas a 'liberdade'. (...) Liberdade do passado 'europeu' em geral: onde a reconquista nativista pode estimular a mais fecunda e irônica anarquia antropofágica ou atingir o mais profundo fascismo integralista".[22]

De um lado, tínhamos a postura de Oswald de Andrade, idealizador da corrente antropofágica, que defendia, no Manifesto Pau-Brasil, de 1924, uma poesia de exportação ao invés das importadas da Europa. Em 1928, a publicação da *Revista de Antropofagia* vinha cunhar definitivamente a ala mais radical do movimento. Não se tratava de rejeitar, mas de superar e assimilar a cultura ocidental; era a "devoração do inimigo para que as suas virtudes passassem para nós".[23] Construiria-se, assim, um Brasil culturalmente mestiço e moderno, aberto para o contato, para o hibridismo, para a síntese. *Tupi or not tupi, that is the question.*

Mais purista era a corrente liderada por Menotti del Picchia. Em 1923, considerado como ano de cisão ideológica, ele declara: "o Brasil tem necessidades, sem dúvida, de alimentar o culto de todas as suas fúlgidas tradições, de defender o patriotismo sacrossanto da língua e de preconizar uma política de incansável defesa do seu espírito nacional, o qual deve ser o ideal constante de todos os bons brasileiros".[24] Essa acepção do nacionalismo enveredaria para a corrente batizada de Verde-Amarelo, cujo manifesto, publicado no *Correio Paulistano*, em maio de 1929, prega o *nacionalismo tupi sentimental*.

Entre um tupi e outro, há uma grande distância ideológica, embora ambos estivessem preocupados com o Brasil. Igualmente preocupado com o Brasil estava Vargas, e não foi à toa que o seu governo se apropriou do evento modernista, unindo forças para lutar pela renovação nacional. O nacionalismo passa a ser, assim, o elemento aglutinador entre todas as tendências intelectuais. Segundo Daniel Pécaut, "raros foram os participantes da Semana de Arte Moderna que não se alinharam, logo depois, como militantes no terreno do nacionalismo: seja o nacionalismo conservador ou o nacionalismo progressista, nacionalismo patriótico ou nacionalismo esclarecido".[25] Talvez por essa razão, Vargas chegou a incorporar em seu governo intelectuais das mais diferentes correntes de pensamento. Mas, sem dúvida, de todos os grupos em voga,[26] o que mais afinidade teve com o governo foi o Verde-Amarelo. A doutrina verde-amarelista correspondia perfeitamente às aspirações estado-novistas. Como o editor Cassiano Ricardo foi um dos seus ideólogos, procurarei me aprofundar nas idéias desse grupo. Diz assim o Manifesto do Verde-Amarelismo:

(...) Aceitamos todas as instituições conservadoras, pois é dentro delas mesmo que faremos a inevitável renovação do Brasil, como o fez, através de quatro séculos, a alma da nossa gente, através de todas as expressões históricas.
Nosso nacionalismo é verdeamarelo e tupi.[27]

O manifesto foi assinado em 1929, por Menotti del Picchia, Plínio Salgado, Alfredo Élis, Cândido Mota Filho e Cassiano Ricardo. Desde 1923, as idéias do grupo se mantiveram vivas e coerentes: acima de tudo, era necessário criar uma política de defesa do espírito nacional. Já predispostos a aceitar as "instituições conservadoras" para "renovar o Brasil", os verde-amarelos se entenderam muito bem com o novo governo nacionalista de Vargas.[28]

O que nos interessa entender é um outro conceito que, relacionado ao de *nacionalismo*, orientou a doutrina verde-amarela, ajudando a moldar o perfil cultural do Estado Novo e que também poderá nos fornecer uma chave para entender o envolvimento intelectual com a ideologia pan-americanista. Trata-se da dimensão *espacial* da nação, sua geografia e suas fronteiras. E esta questão começa na retomada de um estilo literário do início do século: o *regionalismo*.

O período pré-modernista, que veio da virada do século até a Semana de 22, foi a época áurea da literatura regionalista. Euclides da Cunha, Afonso Arinos, Monteiro Lobato, cada um a seu modo e em sua região, estavam compondo retratos da multiplicidade regional do Brasil, pondo em relevo fatores ambientais e geográficos. O país é visto como um "caleidoscópio de realidades que se compõem e se justapõem infinitamente faltando, todavia, a *imagem do conjunto* através da qual cada parte ganha sentido".[29]

É nos anos 1920 que o regionalismo adquire um novo sentido e passa a estar articulado à questão nacional. E partindo dessa dialética entre o "geral" e o "particular" (ou "nacional" e "regional"), Velloso entende o governo Vargas como a tal busca da "imagem do conjunto", trabalhando com a idéia de integração do todo nacional. Essa integração só é possível graças à "diversidade", que é unificada pela atuação política. É o intelectual que traduz a alma nacional popular e o governo que a organiza. E cabe ao Estado Novo integrar os muitos Brasis, servindo-se, para tanto, das idéias regionalistas do grupo Verde-Amarelo. Nesse momento, "o regionalismo deixa de ser visto como uma ameaça ao sentimento de unidade nacional ao sintetizar a própria brasilidade".[30] E é o conceito de "brasilidade" que une o nacional e o regional, assim como também é ele que confere sentido à união entre modernismo e Estado Novo.

A lógica verde-amarela, que é a origem do pensamento de Cassiano Ricardo, considera o *regionalismo* como imprescindível para dar conta do nacional, pois é ele quem possibilita "delimitar fronteiras, ambiente e língua local".[31] A manutenção das raízes locais exige um rompimento radical com a cultura estrangeira. A metáfora do povo brasileiro como um tatu, que vive na terra e se alimenta de raízes, é significativa. O espaço é celebrado em detrimento do tempo. É um nacionalismo de terra, de fronteira e de "guarda do primitivo".[32] A tradição se fixa, estática, no espaço. O ritmo próprio da alma nacional não pode ser importunado por um ritmo universal. O passado coexiste com o presente: o tupi é celebrado, o passado colonial também. Nos anos 1930, o grupo Bandeiras (de Cassiano Ricardo) retoma o episódio dos bandeirantes da história nacional, sacralizando-os como seres dotados de integridade moral e pureza racial.

Para ele, as Bandeiras "já teriam criado povo, nação e Estado no Brasil".[33] Vê-se, portanto, um ser nacional passivo, que deve sentir a brasilidade como parte de si: "o nacional não deve ser deduzido mas induzido, intuído, sentido. Não será construído pois já está dado (...) Ser brasileiro é uma fatalidade e não uma atitude".[34] E, para eles, o grande erro das elites era deixar de buscar as raízes do nacional e aderir a idéias importadas para pensar o Brasil. Não era necessário pensar, bastava senti-lo. A única forma de se libertar dessa dominação era se deixar tomar pelo "amor à pátria". E a arte era um elemento fundamental, pois é ela que entra em contato direto com a realidade, sem intermediários. Capaz de traduzir o espontâneo, a arte aparecia como elemento unificador da sociedade, já que paira acima desta. E sua função era desvendar a "fisionomia íntima" da realidade, captando as "vozes do inconsciente nacional". Essas vozes revelam como somos e como seremos. Por esta razão, a "construção da literatura nacional devia se dar em estrita consonância do povo brasileiro". Cabia ao artista "projetar sobre o mundo exterior a sua subjetividade, que é um reflexo da realidade nacional". A pátria era parte constitutiva do ser e não uma mera fonte de inspiração. Desse ponto de vista, pátria e artista se fundem no processo de criação. "Deixando-se guiar pela emoção e intuição, o homem torna-se a 'linguagem da terra'." Não bastava reconhecer o território, mas reconhecer-se nele.[35]

Numa análise mais literária, Luiza Franco Moreira chama a atenção para a crítica que Cassiano Ricardo faz a Machado de Assis, considerando-o "antibrasileiro". Sobre sua escrita, diz o poeta modernista: "faltam-lhe a cor, a imagem e o ritmo que são sinais psicológicos de toda linguagem brasileira identificando o homem cheio de rumor primitivo em ligação com a natureza tropical".[36] Em oposição, exalta Euclides da Cunha por escrever "brasileiramente", representando a "força original da terra". Mais do que literário, era sem dúvida um julgamento ideológico, à luz de valores nacionalistas. Valores estes que, como já vimos, "dão forma a sua própria obra como poeta modernista".[37] E que aproxima este último da vida política do país.

Essa política nacionalista tinha como base estrutural a idéia de pátria. Logo, de chão, de terra, de território e de fronteira. E esta questão do território coloca a geografia num pedestal importante: "a pátria, nos outros países, é uma coisa feita de tempo; aqui, é toda espaço. 500 anos quase não é passado para uma nação. Por isso, nós a compreendemos no presente, na síntese prodigiosa do nosso país".[38] E é aí que as aulas de geografia ocupam um lugar crucial na formação das crianças brasileiras: "fazendo rios com tinta azul, montanhas com lápis marrom, traçando fronteiras com tinta vermelha (...) forma-se uma *idéia gráfica* do país e ama-se nessa figura aquela coisa vaga e incompreensível. (...) O nosso grande poema é ainda o mapa do Brasil".[39] É, portanto, o espaço e não o tempo que vai definir o Brasil, *"garantindo sua originalidade no quadro internacional"*.[40]

Ora, já vimos que originalidade era o que Getúlio Vargas buscava: firmar o Brasil como um país novo, com um novo Estado e uma nova ordem. E, para isso, buscou novos rumos para a economia, assim como também buscou novos rumos para a cultura.

E de volta para o panorama internacional, a Guerra, a vontade dos Estados Unidos de se imporem no continente, a ameaça do Eixo, o pan-americanismo. Parece impensável que uma ideologia internacionalista, como a que pregava os Estados Unidos, viesse perturbar nossa pureza nacional.

Seria preciso, mais do que nunca, ter muito "jogo de cintura" para conciliar tudo. Como vimos, no plano internacional, Getúlio não tinha mais como manter-se neutro e soube reverter a conjuntura a seu favor. Nesse momento, abocanhou o pan-americanismo, sem no entanto perder sua originalidade. Adaptou-o a esse contexto de renovação cultural, promovendo um encontro inesperado: o do modernismo nacionalista com o pan-americanismo.

Para concluir este capítulo, gostaria de citar este curto texto de Cassiano Ricardo, publicado em *A Manhã* menos de um mês depois do aparecimento do jornal. É onde ele menciona a questão das *âncoras continentais*, e o considero bastante elucidativo do que vimos discutindo. Primeiro, porque ratifica seu apoio incondicional ao regime do Estado Novo. Segundo, porque assume o desejo do Brasil de se impor como potência, defendendo sua soberania nacional frente aos Estados Unidos, embora sem negar a questão continental. E em terceiro, porque justifica a adesão do Brasil ao pan-americanismo, inclusive colocando Getúlio no papel de um de seus mentores:

> Quando alguns liberais ortodoxos alegam que o Estado Novo não é americano por não ser democrático (...) poderá alguém dizer que a nossa democracia fugiu ao padrão clássico norte-americano.
>
> Não obstante, (...) caberia uma nova pergunta esclarecedora: então, para ser americano, o Brasil teria que adotar para o seu uso o regime norte-americano?
>
> Ora, o Brasil e os Estados Unidos são duas âncoras prendendo um só continente, não há dúvida. Cabe-lhes uma alta missão comum, na defesa do novo tipo de civilização e de cultura que as Américas estão construindo neste hemisfério (...)

> Entretanto, as diferenças são profundas, numerosas. (...) Si somos diferentes — na fatalidade festiva das cores geográficas e sentimentais — as nossas instituições teriam que ser diferentes, por força.
> Disso resulta que o Brasil não recorreu a uma imagem ianque para criar uma democracia; preferiu fundar uma democracia à sua imagem. (...)
> Assim, *a solidariedade continental*, que constitue um compromisso sagrado para os povos desse hemisfério, *não é um processo de estandardização de governos pelo mesmo figurino constitucional*.
> Ao panamericanismo de Monroe, ao governo forte de Bolívar, se junta agora o pensamento político do Brasil que *conciliou com o pan-americanismo o princípio de autodeterminação*. Ainda neste ponto, não será menos americano o pensamento do Brasil por ser brasileiro. (...)
> Conciliam-se, completam-se, num só triângulo luminoso, os 3 grandes pensamentos americanos: o de Monroe, o de Bolívar e o de Getúlio Vargas. Como negar, assim, o sentimento americano do Estado Novo?[41]

E como negar, ainda, a proposta de Ribeiro Couto de dedicar um suplemento às artes e letras do continente? A idéia foi acolhida com entusiasmo na redação de *A Manhã*, e não apenas vingou, mas ultrapassou no tempo as fronteiras do pan-americanismo oficial. Debrucemo-nos, pois, sobre o "Pensamento da América".

Notas

1. "PdA" 22/1/1942.
2. "Americanidade", em "PdA" 9/8/1941.
3. "*A Manhã* e o seu programa", em *A Manhã*, 9/8/1941.
4. Moreira, 2001, p. 87.
5. "*A Manhã* e o seu programa", em *A Manhã*, 9/8/1941.
6. "Americanidade", em "PdA", 9/8/1941.
7. "A Manhã e o seu programa", em *A Manhã*, 9/8/1941.
8. Moura, 1980, p. 63.
9. A questão siderúrgica foi o mais forte elemento de barganha do Brasil. Em 1940, Getúlio declarava-se como pan-americanista mas anunciando a prioridade brasileira de implementar uma indústria siderúrgica. E ameaçou dialogar com a Alemanha caso fosse necessário. Vargas não se intimidou com a reação furiosa dos Estados Unidos, que viam nesse discurso um ato de adesão ao fascismo. Fincou o pé, declarando que ou os Estados Unidos aceitavam ou o Brasil manteria uma "neutralidade rígida". Em setembro de 1940 o acordo para a construção da siderúrgica foi assinado, representando a primeira vez que os *Estados Unidos* estimulavam uma linha de produção na América Latina e não apenas o comércio complementar (Moura, 1980, p. 145-155). Para mais informações a esse respeito, ver Moura, 1980, p. 145-54, e Corsi, 1999, cap. 5.
10. Para mais detalhes, ver Moura, 1990.
11. Moura, 1990, p. 59
12. Haines, 1977, p. 380, *apud* Moura, 1980, p. 140-41.
13. Tota, 2000, p. 37.

14. *Hello Friends*, Walt Disney Productions, EUA, 1942.
15. Azevedo Amaral, "Cooperação continental", em *A Manhã*, 12/9/1941, grifos meus.
16. Entre as ambigüidades de Vargas poderia se citar a convivência entre as oligarquias estaduais e um poder centralizador; a prioridade para o cultivo do café e para a industrialização; o ministério dividido entre liberais e nacionalistas etc.
17. Moura, 1980, p. 108, grifo meu.
18. Corsi aponta como causa dessa dependência econômica externa a falta de apoio das classes dominantes brasileiras, contrárias à intervenção do Estado na economia, e a ausência de uma reforma fiscal consistente (Corsi, 1999, p.18).
19. Discurso de Vargas na Universidade do Brasil, em 28/7/1951, *apud* Velloso, 1987a, p. 42.
20. *Ibid*, p. 43.
21. Coutinho, 1968, p. 265-66.
22. Stegagno-Picchio, 1997, p. 476.
23. *Ibid*, p. 482.
24. Menotti del Picchia, 1923, *apud, ibid*, p. 478.
25. Pécaut, 1990, p. 27.
26. Apesar de só ter citado duas das mais expressivas "acções" modernistas, várias outras existiram, no Rio, em São Paulo, em Minas, conferindo ao movimento múltiplas faces. Para um maior detalhamento desses grupos, ver Coutinho, *op. cit*., p. 270-71.
27. Nhengaçu Verde-Amarelo (Manifesto do Verde-Amarelismo, ou da Escola da Anta). Publicado em 17/5/1929 no *Correio Paulistano*, reproduzido em Schwartz, 1995, p. 148.
28. Inicialmente eram contra Vargas e chegaram a participar da Revolta Constitucionalista de 1932. Depois, "de rebeldes passaram a governistas, mantendo sempre presente a questão da hegemonia paulista". A esse respeito, não entrarei em detalhes. Para mais informações, ver Velloso, 1987b.
29. Velloso, 1987b, p. 5, grifo meu.
30. Velloso, *ibid.*, p. 12.

31. Helios, 1923, *apud. ibid.*, p. 38.
32. Velloso, *ibid.*, p. 40.
33. Moreira, 2001, p.105.
34. Velloso, *op. cit.*, p. 33.
35. Esta interpretação do verde-amarelismo foi desenvolvida por Velloso em sua dissertação de mestrado, 1983, PUC-RJ.
36. Cassiano Ricardo, *Marcha para o Oeste*, 1940, *apud* Moreira, *op. cit.*, p. 82-83.
37. Moreira, *op. cit.*, p. 87.
38. Plínio Salgado, 1927, *apud* Velloso, *ibid.* p. 50.
39. Plínio Salgado, citado em Velloso, *ibid.*, p. 50, grifo meu.
40. Velloso, *ibid.*, p. 50.
41. Cassiano Ricardo, "O Estado Novo e o seu sentido americano", em *A Manhã*, 4/9/1941.

CAPÍTULO 2   A teia

PRIMEIROS FIOS

A criação de um "humanismo americano" será, na vida do continente, um trabalho valioso das gerações contemporâneas. Quebrar o isolamento provocado pela geografia, pela língua ou pela herança de certas suspeições que não têm mais razão de ser, eis o dever que se nos depara. Assim como nos meios cultos de qualquer capital americana os homens de categoria intelectual estudam familiarmente as obras dos mestres da Europa, necessário é que tenham a mesma curiosidade pelas obras dos mestres da América. Novelistas e poetas, críticos e historiadores, bem como pintores, escultores, músicos e outros artistas, temo-los na América tão grandes como quaisquer outras regiões do mundo. Para esses servidores do espírito, reclamamos o mesmo respeito e o mesmo interesse que provocam os mestres *europeus*.[1]

Esta nota não assinada do jornal *A Manhã*, publicada em 17 de agosto de 1941, no mesmo domingo em que saiu pela segunda vez a coluna "Pensamento da América", traduz o discurso que vai permear todo o embasamento teórico do suplemento pan-americano: nós, americanos, desconhecemos a América. A partir dessa premissa simples e notória, se desenvolverá todo um trabalho articulado de cooperação intelectual, com o ambicioso objetivo de eliminar essa ignorância. Essa preocupação em conhecer as grandes obras americanas não era recente. No entanto, isso se transformou numa *necessidade* nos anos 1940, que propiciaram a conjuntura ideal para a concretização deste projeto. E "Pensamento da América" foi, sem dúvida, um instrumento importante nessa "catequese" intelectual.

* * *

> Cabelos de névoa
> sem fronte ou cerviz,
> hálitos errantes
> sempre a me seguir,
> ao longo dos anos
> virando país.
> No país da ausência
> é que vou dormir.[2]

O poema é de Gabriela Mistral. A tradução, de Ribeiro Couto. Não é de estranhar que, já no seu primeiro número, "Pensamento da América" publicasse versos da poetisa chilena. E muito menos que eles fossem traduzidos pelo idealizador do suplemento. Ribeiro Couto havia muito era um "farejador de novidades"[3] da literatura hispano-americana. Não só lia tudo o que lhe chegava às mãos, aproveitando-se da sua posição de diplomata, como mantinha correspondência com vários escritores do continente. Sua preocupação com o intercâmbio cultural era tanta que o levou a criar, em 1938, a Divisão de Cooperação Intelectual do Itamaraty, órgão bastante ativo no período aqui estudado. Em carreira consular desde 1928, Ribeiro Couto não perdeu tempo em começar a tecer sua rede de relações: em Marselha, onde foi vice-cônsul, ficou amigo do poeta Francis Jammes; em Paris, de Valéry Larbaud; num sanatório na Suíça foi vizinho de Afonso Arinos.[4] Sua trajetória de viajante foi temporariamente interrompida por uma nomeação ao cargo de cônsul de terceira classe, quando teve de voltar para o Rio de Janeiro em meados dos anos 30. Em 1934 entrou para a Academia Brasileira de Letras e, salvo algumas viagens curtas, permaneceu na capital brasileira até 1943, tempo em que "ideiou e realizou de modo admirável este suplemento".[5]

Seu amigo e sucessor Renato Almeida assim o descreve no editorial de despedida do "Poeta da chuva", de partida para Lisboa em março de 1943:

> [Ribeiro Couto] é um cavaleiro da cooperação intelectual. Por toda a parte onde o tem levado o destino andejo de diplomata, é sempre um elemento fecundo de compreensão e consegue estabelecer logo contatos espirituais, que desenvolve, tanto para nos tornar conhecidos como para nos fazer conhecer as terras por onde anda e as gentes que o acolhem.[6]

Essa paixão por conhecer o *outro* chegou a "contaminar" alguns amigos mais próximos. Manuel Bandeira, vizinho de Ribeiro Couto nos intensos anos 1920, na rua do Curvelo, no Rio de Janeiro, relembra em suas memórias a correspondência que seu amigo mantinha com "Alfonsina Storni e outros argentinos".[7] Bandeira lembra ainda do hábito que tinha de pegar livros emprestados com ele: "foi por seu intermédio que tomei contacto com a nova geração literária do Rio e de São Paulo, aqui com Ronald de Carvalho, Álvaro Moreyra, Di Cavalcanti, em São Paulo com os dois Andrades, Mário e Oswald".[8] Ora, não deixa de ser surpreendente que tenha sido o penumbrista Ribeiro Couto, poeta de importância periférica nos acontecimentos dos anos 1920, que tenha apresentado Bandeira aos demais medalhões do movimento modernista, colegas seus na Semana de 22. Essa sua vocação natural para alimentar o contato espiritual é observada por Renato Almeida: "[Ribeiro Couto] procura construir uma obra eficiente de intercâmbio intelectual e, em artigos, cartas, traduções, realiza a dupla aproximação de idéias e pessoas".[9]

E, de fato, podemos encontrar o nome de Ribeiro Couto assinando várias traduções do suplemento de que era diretor: no primeiro número, a citada Gabriela Mistral, então consulesa do Chile no Rio; na semana seguinte, sua interlocutora argentina Alfonsina Storni; na outra, o cubano Mariano Brull, criador das *Jitanjáforas*; na seguinte, o diplomata e poeta peruano Bustamante y Ballivián; depois, o uruguaio José Asunción Silva; e assim por diante. Durante a época em que esteve à frente do suplemento, Ribeiro Couto não publicou nada como poeta, apenas como tradutor e editorialista. Mas, sem dúvida, sua maior contribuição foi na articulação das muitas literaturas, no estímulo à circulação de idéias que se evidencia na publicação de várias pérolas, logo na arrancada inicial (de agosto a dezembro de 1941): *O pátio*, de Borges, traduzido por Manuel Bandeira; Waldo Frank, traduzido por Vinicius de Moraes; Walt Whitman, por Tasso da Silveira; Vicente Huidobro, por Dante Milano; Rubén Darío, por Bandeira; Pablo Neruda, por Milano e Bandeira; Alfonso Reyes e José Eustáquio Rivera, por José César Borba; Cesar Vallejo, por Reynaldo Valverde; Ricardo Palma, por Francisco Armond... a enumeração seria extensa e essa pequena amostra já é representativa da envergadura intelectual do projeto.

Mas "Pensamento da América" não era só literatura. Com uma paginação extremamente moderna para os padrões jornalísticos da época[10], contando com muitas iconografias, essas breves edições semanais ocupavam cerca de duas páginas, com uma média de sete manchetes (uma principal, uma de poesia, um conto ou ensaio e algumas notinhas informativas, escritas pela redação. A segunda página já vinha misturada com as outras seções do jornal). Já aí podemos encontrar reproduções do pintor uruguaio Pedro Figari, um artigo sobre tango do argentino Ezequiel Martínez Estrada, um extenso tratado em dois capítulos sobre "a religião dos negros em Cuba" do sociólogo cubano Fernando Ortiz, textos sobre folclore, notícias de publicações, concursos de traduções, críticas literárias, além de mais de vinte traduções de poesias, fora os contos. Tamanha variedade era justificada pelo editorial "Americanidade", publicado em 9 de agosto e provavelmente escrito por Ribeiro Couto, embora não assinado. Diz:

> Para a obra do mútuo conhecimento dos valores intelectuais do continente, *A MANHÃ* deseja contribuir. Desde a poesia — gênero cuja transformação noutras línguas oferece tantas dificuldades — até a história e a etnografia, passando pela novela e pela crítica, este suplemento publicará trabalhos de autores continentais, cuidadosamente traduzidos por escritores brasileiros. Procurará também divulgar as obras dos pintores, escultores, arquitetos e outros artistas do Novo Mundo. Dedicar-se-á, em suma, a tudo que possa valer como revelação da riqueza espiritual da família americana, de cuja força e de cuja originalidade se pode dizer que já constituem as linhas mestras de uma civilização própria[11].

Segundo o editorial, esta unidade americana era convicção não só dos governos, mas também das "multidões", e por isso, diz, na Argentina os "maiores jornais e magazines dedicam freqüentemente algumas páginas à produção intelectual dos países vizinhos" e que as universidades dos Estados Unidos "têm cátedras especializadas de língua e literatura dos países ibero-americanos".

Já é possível notar aí alguns frutos concretos desse trabalho de cooperação intelectual. Em agosto de 1941, Ribeiro Couto recebe uma carta da escritora uruguaia Branca Luz Brum na qual ela anuncia sua intenção de publicar uma revista trilíngüe (em português, inglês e espanhol), denominada *Norte-Sul*. Ora, para ter sido publicada no segundo número semanal, Branca Brum escreveu a Ribeiro Couto antes do lançamento da coluna pan-americana. Já deviam, portanto, se conhecer. O poeta brasileiro abraça a iniciativa declarando que ela "tem o apoio dos escritores da América, empenhados na criação, por todas as formas, de um vasto movimento de cultura interamericano e curiosidade recíproca. E, sobretudo, nada de política!".

É curiosa essa última frase. É bem possível que Ribeiro Couto se opusesse veementemente à mistura entre cultura e política. De fato, não se nota nenhum resquício de assuntos políticos nas páginas de "Pensamento da América" desse período, embora as Américas Latina e do Norte sejam temas recorrentes no jornal *A Manhã*. Não é para menos. A conjuntura internacional é complicadíssima. O início de *A Manhã* e do suplemento pan-americano se deu num momento de grande aproximação entre o Brasil e os Estados Unidos. Em julho, os presidentes Roosevelt e Vargas trocaram cartas concordando com uma maior cooperação para a defesa do hemisfério; no mesmo domingo, 9 de agosto, Roosevelt e Winston Churchill se encontraram para assinar a Carta do Atlântico, documento que selou a união das duas potências contra o nazismo, celebrando a liberdade, a democracia e a paz no mundo e estabelecendo as bases da diplomacia internacional moderna. Concomitantemente à Segunda Guerra, a América Latina vivia um acirrado conflito de fronteiras entre o Peru e o Equador. E no fim do ano, enquanto Rubén Darío aparecia publicado com sua *Balada da linda menina do Brasil*, na tradução de Manuel Bandeira, os japoneses atacavam as bases americanas de Pearl Harbor, no Havaí, mudando os rumos da história da América.

Em outubro de 1941, Ribeiro Couto viajou. Iria passar seis meses fora. Sabemos que esteve em Havana, na Conferência de Cooperação Intelectual, onde se encontrou com o escritor Alfonso Reyes. Já se conheciam, pois Reyes fora cônsul do México no Rio entre 1930 e 1936, quando fez amizade com muitos literatos brasileiros e publicou com certa regularidade a revista literária *Monterrey* (que o então vizinho Manuel Bandeira se encarregava de enviar para Ribeiro Couto quando este se encontrava em missão diplomática). Sabemos também que esteve nos Estados Unidos, onde escreveu uma série de poemas que seriam publicados no suplemento (sua única aparição como poeta) em dezembro de 1945, já por Renato Almeida. Na direção do jornal deixou seu amigo de longa data Manuel Bandeira, a quem recebera com caloroso discurso na Academia Brasileira de Letras, em 1940. Redator da seção de artes plásticas de *A Manhã*, Bandeira colaborou com o suplemento desde o primeiro número, embora sempre no campo literário. Sua estréia foi com traduções do poeta norte-americano Archibald McLeish, figura fácil nas páginas do "Pensamento", por ser diretor da Biblioteca do Congresso de Washington, onde, por essa mesma época (fins de 1941), Cândido Portinari pintaria seus painéis.

Tal como Ribeiro Couto, Bandeira aparece muito mais como tradutor — é, aliás, um dos mais intensos colaboradores do suplemento — do que como poeta. Foi nessa época que ele nos revelou a poetisa chilena Patrícia Morgan, que visitara o Brasil havia pouco tempo. Na breve introdução à sua tradução do poema "Renúncia", Bandeira se derrete: "Não houve quem não ficasse encantado com a pessoa e com os versos da poetisa chilena."[12] Este mesmo poema seria republicado outras quatro vezes, sempre com a mesma tradução. Foi também sob a direção de Bandeira que Dante Milano traduziu Vicente Huidobro, também chileno, fundador do creacionismo, primeira corrente de vanguarda da América Latina.[13] E ainda ocorreu, em outubro, a estréia no suplemento do mais assíduo e regular dos seus colaboradores: Acácio França, que até 1948 traduziria mais de trinta autores americanos. Voltaremos, mais adiante, ao papel desses colaboradores.

O fato é que a situação política se agravou justo quando Bandeira estava à frente do projeto. E ao voltar de sua longa viagem, Ribeiro Couto se depara com duas mudanças estruturais no suplemento. O editorial da edição de março de 1942 é uma espécie de prestação de contas das novidades ocorridas durante sua ausência. A primeira delas, como já vimos, foi a mudança no formato e na periodicidade. De semanal passa a mensal e de coluna integrada na folha de *A Manhã* passa a fascículos independentes, medindo 28cmx39cm, mesmo tamanho em formato tablóide do "Autores e Livros', o já consagrado suplemento literário dirigido por Múcio Leão. Em comparação a este, o editorial explica o porquê de terem tido tratamentos diferenciados ao nascer:

AMÉRICA ARACNÍDEA

A experiência de "Pensamento da América", suplemento consagrado às literaturas do continente, parecia de êxito menos certo. Não se podia prever o acolhimento dos leitores. Convinha provisoriamente acomodar a sessão ao formato do jornal, em 2 ou 3 páginas apenas. Entretanto, desde os primeiros suplementos, um grande número de leitores, em cartas enviadas a esta redação, reclamou a publicação de "Pensamento da América" no formato de "Autores e Livros", para os mesmos fins de conservação cômoda nas estantes.[14]

O mesmo editorial nos informa que tal mudança foi decidida pela tríade Manuel Bandeira, Múcio Leão e Cassiano Ricardo, e entrou em voga em janeiro de 1942, "com a mais justa razão". E ainda celebra a união dos dois suplementos "que se completam, não só no espírito que os inspira, como na própria forma material".

É um dado interessante essa menção ao público leitor. O jornal não possuía seção de cartas de leitores ordinários e só chegava a publicá-las quando se tratava de alguma celebridade, em geral do campo diplomático. Mas ao justificar a mudança de formato pela reação do público que "reclamou", pedindo uma "conservação cômoda nas estantes" dos fascículos pan-americanos, temos uma prova do êxito de tal empreitada. Terá sido a excelência dos seus colaboradores? Ou a sociedade brasileira dos anos 1940 estava *de fato* mais interessada nas questões culturais do continente?

Na verdade, sustento que a razão real de tal mudança está em outra parte. A prova do sucesso do "Pensamento da América" está mais na sua continuidade do que na sua transformação em caderno. Isto porque o momento em que foi promovido coincidiu com um fato histórico de grande envergadura internacional: o ataque japonês à base norte-americana de Pearl Harbor, em 7 de dezembro de 1941.

A segunda mudança com que Ribeiro Couto se deparou ao voltar de viagem foi que 'Pensamento da América', que até hoje conservava uma característica meramente literária e artística, passará a revestir também um *caráter político*".[15] Daí em diante, cada fascículo de 16, 24 ou 32 páginas teria de acomodar em suas páginas gritos da guerra ao lado de gritos poéticos. E, na medida do possível, conciliar os dois. Toda espécie de "ode à Pan-América" era bem-vinda. A diplomacia passou a ocupar um lugar central, quase como mediadora entre esses dois mundos. Heróis passaram a ser exaltados, grandes feitos históricos também. E, evidentemente, Vargas tinha de garantir o seu lugar de herói dentro dessa utopia neobolivariana.

A entrada dos Estados Unidos na Guerra afetou todo o continente. O embaixador norte-americano no Brasil, Jefferson Caffery, foi entrevistado pela equipe do suplemento ainda em janeiro de 1942, quando reforçou as características do pan-americanismo, segundo a versão estadunidense:

> São as mesmas que caracterizam um bom vizinho. Primeiro, a compreensão mútua e por meio dela uma apreciação simpática do ponto de vista alheio. Apenas deste modo poderemos construir um sistema no qual a confiança, a amizade e a boa vontade serão os elementos fundamentais.[16]

A reboque dessa simpatia, evidentemente, vinham interesses econômicos. Na mesma entrevista, Caffery afirma que desde o início da guerra, em 1939, a exportação do Brasil para os Estados Unidos subira 80%. E defende:

"Este desenvolvimento de comércio significa nova troca de dinheiro e se acrescentarmos o programa coletivo para um intercâmbio crescente entre todas as nações, constatamos que a expansão dos mercados trará maior progresso e segurança econômica às Américas."

Se a argumentação do discurso do embaixador era basicamente econômica, essa não era a tônica do discurso varguista — onde prevalecia o jogo político —, e muito menos desse suplemento cultural. Assim, sobre a mesma questão da Guerra, os modernistas pan-americanistas têm outra versão:

A guerra já chegou às costas americanas. Este continente que tanto se orgulhava da sua paz não pode ser poupado. A agressão japonesa em Pearl Harbor marca uma nova etapa na vida do Novo Mundo. Ainda que as páginas desse suplemento não sejam dedicadas à política — tomada esta palavra no seu sentido restrito e partidário — não podemos fechar-nos numa torre de marfim, silenciando sobre os interesses da segurança continental no instante em que o inimigo de uma nação americana não pode senão ser considerado como inimigo de todas(...)[17]

Não deixa de ser significativo que usem a expressão "fechar-se numa torre de marfim", imagem usada como crítica aos parnasianos, no burburinho dos anos 1920. Do mesmo modo que deixaram as torres de marfim e romperam com a tradição literária de então, mudando, sem dúvida, os rumos da história cultural brasileira, agora também urgia romper com esse passado de neutralidade e engajar-se na defesa do seu continente. No dia seguinte do ataque no Pacífico, o governo Vargas resolve declarar solidariedade aos Estados Unidos. E pouco mais de um mês depois, em 28 de janeiro de 1942, o Brasil rompe relações com o Eixo. O discurso de Oswaldo

Aranha anunciando esta ruptura no encerramento da Conferência do Rio de Janeiro foi publicado na íntegra na edição de fevereiro de 1942, que saiu no dia 22. Nessa mesma semana, navios mercantes brasileiros tinham sido atacados por submarinos alemães, levando Oswaldo Aranha a pressionar o governo norte-americano cobrando a remessa de armamentos prometida.

Aranha, convicto da sua decisão, afirmava:

> Pela primeira vez, em face de um caso concreto, positivo e definitivo, se pôs à prova a estrutura do pan-americanismo, e pela primeira vez todo um continente se declara unido para uma ação comum, em defesa de um ideal comum, que é o de toda a América.[18]

O discurso de Vargas citado por Cassiano Ricardo em janeiro também justifica a união continental:

> O que existe, entretanto, arraigado no coração de todos, das praias do Atlântico às do Pacífico, é o sentimento da inviolabilidade continental. Qualquer agressão, venha de onde vier, há de encontrar-nos formando o bloco mais numeroso de nacionalidades que já constituiu uma aliança defensiva.[19]

Este pronunciamento do presidente do Brasil é especialmente interessante pelo uso da expressão "o bloco mais *numeroso* de *nacionalidades* que já constituiu uma *aliança*". Ora, Vargas aderiu, sim, ao discurso pan-americanista. Aliou-se aos Estados Unidos. Mas não perdeu em momento algum a noção clara de que tudo isso era em nome da "nação brasileira". Todo o discurso brasileiro mantém a *soberania nacional* acima da *soberania continental*. Apesar de os Estados

Unidos também estarem muito interessados no seu poderio como nação forte, seu discurso de sedução colocava sempre a questão continental como prioritária. O norte-americano Ralph Steele Boggs, da Universidade da Carolina do Norte, publicou, ainda em janeiro de 1942, um artigo intitulado "O folclore e o pan-americanismo", onde afirma que "esse misto de uma multidão de culturas dissemelhantes índias, européias, africanas, etc., que caracteriza a estrutura atual do Novo Mundo, se fundirá finalmente numa unidade cultural". E, para o autor, o folclore funcionaria como uma alavanca para acionar um processo de homogeneização das nações: "Desde o Alasca até a Patagônia se revelaria, assim, algo mais nobre e elevado que os múltiplos caracteres nacionais, isto é, a continuidade do americano, a unidade cultural pan-americana."[20]

É curioso notar que esse artigo foi publicado já no primeiro número do suplemento mensal, sem nenhuma consideração da parte da redação, pois era de praxe que houvesse uma breve apresentação dos artigos publicados e de seus autores. Funcionando como contraponto, ao lado desse texto e da entrevista com o embaixador dos Estados Unidos, Cassiano Ricardo retrucava: "Há vinte e uma maneiras de ser americano, e não uma apenas."[21]

Da mesma forma que havia defendido, em texto já citado, que a solidariedade continental não pode ser um processo de estandardização de governos, Cassiano Ricardo voltava a defender o direito de autodeterminação dos povos. E sente-se um quê de contrariedade e ironia em sua voz ao defender a decisão tomada pelo "supremo guia da nação brasileira":

Devemos, sem dúvida, manter-nos afastados do conflito. (...) Mas a época em que vivemos está cheia de ciladas, surpresas de toda ordem e imperialismos desembestados. O dia de amanhã a Deus pertence e não será de estranhar se o Brasil tiver que entrar "com o seu quinhão" para a reforma violenta do mundo civilizado.[22]

Num tom mais literário que jornalístico, Cassiano Ricardo respeitava a decisão de Vargas ("quem conhece o segredo das horas"), mas deixava entrever o seu quase descontentamento com a situação. Sem dúvida porque não era a decisão mais "nacionalista" a ser tomada — e não nos esqueçamos de que o que mais seduzia Ricardo no governo do Estado Novo era o seu caráter eminentemente nacionalista. No entanto, não restava outra saída a não ser vestir a carapuça pan-americanista, pintando-a de verde-e-amarelo, na medida do possível:

> o Brasil antecipou corajosamente a defesa dos princípios sobre os quais repousa hoje a solidariedade americana. Ou mais claramente: defendendo o seu tipo de cultura, o seu estilo de vida, o Brasil reajustava as suas instituições para melhor defesa das Américas.[23]

Ao lado da desconfiança de Cassiano Ricardo e da escolha decidida de Oswaldo Aranha, está a posição do capitão Severino Sombra, que publicou, no dia do aniversário de Vargas e do quarto número do suplemento (19 de abril), o artigo "O americanismo do presidente Vargas", tentando amenizar a situação. Nele, defende que "aquele velho pan-americanismo, até então temido por alguns países do Continente, que nele descobriram veleidades imperialistas dos Estados Unidos, foi se transfigurando em verdadeira consciência coletiva". Aparentemente ingênuo, o capitão, na verdade, estava mais uma vez colocando o Brasil em posição preponderante no continente graças à política de Vargas, que com "sua diretriz inabalável, pode-se dizer, salvou o novo pan-americanismo e, com ele, a paz e a segurança da América. E salvou também a gigantesca obra do Estado Nacional e a paz interna do Brasil".[24]

Essa era também a posição de Azevedo Amaral, que, em setembro de 1941, declara Getúlio Vargas o "criador do pan-americanismo prático" e define esta expressão como um "pan-americanismo consentâneo com a independência e soberania dos Estados americanos", defendendo mais uma vez o *nacional* acima do *continental*. E chamava a atenção das demais nações do continente para que tomassem uma atitude:

> Não é possível que o Brasil seja o único país que tenha idéias claras sobre a natureza e finalidades do pan-americanismo. Em uma sociedade política, como a envolvida pelo pensamento da cooperação continental, cada membro precisa dizer qual a sua orientação e que interpretação aceita para o funcionamento do sistema comum.[25]

Podemos perceber, portanto, que o pan-americanismo era um tema delicado dentro do governo Vargas: encontrava resistência entre seus ideólogos mais nacionalistas e legitimava-se com um discurso que o afastava do pan-americanismo tradicional, apregoado pelos Estados Unidos. O Brasil, mais do que ser solidário, desejava consolidar um lugar privilegiado no mundo. E ao mesmo tempo que era preciso "animar os brasileiros", fortalecendo-lhes a auto-estima por meio da *brasilidade*, também tinha de se preocupar com o seu papel no cenário internacional. E daí a defesa da nossa americanidade. Nada disso deslegitimava os objetivos de Getúlio

Vargas, que em momento nenhum deixou a personalidade de seu governo de lado. Por essa razão, talvez, não fosse tão grave que o texto do americano Boggs aparecesse lado a lado com o do ressentido Cassiano Ricardo, do convicto Severino Sombra ou do provocador Azevedo Amaral. Vargas tinha claro aonde queria chegar, e toda essa discussão só reforçava o lugar do Brasil entre os grandes.

Enquanto isso, Vicente Huidobro passava o verão "à beira dos teus olhos azuis".[26]

É difícil saber se Ribeiro Couto aprovava ou não essa mistura entre política e arte. Os editoriais do suplemento, embora obrigados a incluir a política nos seus raios de ação, reafirmavam o caráter espiritual dessa cooperação pan-americana:

> Ainda quando, fora do campo literário, "Pensamento da América" vier acolher em suas páginas matérias políticas, podem estar certos os leitores de que nos anima o mesmo propósito de servir a "compreensão das Américas". De servir o espírito das Américas. Sabemos que é através da literatura e da arte, principalmente, que os povos se entendem melhor e melhor se amam. A finalidade principal deste suplemento, por isso, será sempre literária e artística. Porém, não estamos de costas voltadas para nenhuma forma de atividade, para nenhuma expressão moral e material da vida americana.[27]

Apesar de dizer aquilo que o governo queria ouvir, o texto não deixa de retificar certa independência dos propósitos do jornal. Em outro editorial, de março de 1942, cita-se que o redator do suplemento (Ribeiro Couto) "há muitos anos mantém correspondência e relações de amizade com um grande número de escritores do continente".[28] E com o avançar do ano, percebe-se a preocupação de Ribeiro Couto em proporcionar ao leitor "uma visão cada vez mais continental do nosso próprio país".[29] Diplomata afeito a viagens e aberto para o mundo, Ribeiro Couto parecia não ter aquele ranço ufanista de outros modernistas. E se tentava escapar das manchetes demasiado políticas, não tinha muito como fugir do seu próprio meio diplomático e das marcas que este imprimiu no suplemento.

Percebemos, assim, que as páginas do "Pensamento da América" se dividem em três grandes categorias: política, diplomática e artística. Ribeiro Couto soube manter um equilíbrio e até março de 1943, data de sua saída, o jornal contava com cinco manchetes políticas de primeira página, três diplomáticas e seis artísticas. As manchetes políticas em geral vinham a reboque de acontecimentos precisos (por exemplo, a de janeiro de 1943 foi dedicada ao rompimento de relações do Chile com o Eixo, ocorrido dez dias antes da publicação do suplemento). As diplomáticas, um pouco mais difusas, em geral celebravam atividades de cooperação intelectual em diferentes escalas (por exemplo, sobre a atividade de Oswaldo Aranha ou de George Washington). As matérias artísticas de capa também acabavam assumindo um certo tom pan-americanista. Temas como a chegada de Waldo Frank ao Brasil, financiado pelo Ociaa, em abril de 1942, ou o canto de exaltação às Américas de Felipe de Oliveira e Ronald de Carvalho compunham esse quadro. Aparentemente despretensioso, só um poema em prosa de Alfonso Reyes fora publicado na capa de dezembro ("Fuga de Natal"), ou um artigo de Julio Rinaldini sobre o urbanismo de Buenos Aires, em fevereiro de 1943 [cf. Anexo 1].

Dentre os números publicados por Ribeiro Couto, dois chamam especialmente a atenção: os de setembro e novembro de 1942. São os únicos números com editoriais realmente assinados por Ribeiro Couto, onde lhes atribui um "caráter orgânico", isto é: são números dedicados a algum *tema continental*. O de setembro foi dedicado aos negros. O de novembro, aos índios. Uma notinha explica a iniciativa:

> Reunindo, no breve espaço destas 24 páginas, um variado material afro-americano relativo ao Brasil, Estados Unidos, Cuba, Peru, Uruguai, Argentina, Venezuela, Haiti, Canadá, etc., nossa intenção é indicar sumariamente a importância de tais estudos para as Américas, no campo da história, sociologia, antropologia, etnografia, artes plásticas, música, novelística, poesia, etc.[30]

A variedade de visões sobre um mesmo tema era algo que devia apaixonar Ribeiro Couto, e é notável como se esmerava para obter a maior quantidade possível de material para essas publicações. Cada texto era cuidadosamente apresentado com uma breve biografia do autor, além de uma justificativa da sua presença ali. No editorial, Ribeiro Couto explica a escolha do tema *negros* para o primeiro dos *temas continentais*:

> A história dos negros vem a ser a história de grande parte dos nossos países. (...) Sendo *A Manhã* o primeiro jornal brasileiro (e por enquanto o único) que até hoje vem dedicando algumas páginas, todos os meses, sob a forma de suplemento, a assuntos americanos, a uniforme destinação de todo esse número ao Negro representa a continuação de um programa pan-americanista.[31]

A lógica é simples e foge do clichê do continente a que estávamos acostumados (bananas, *sombreros* e bombachas), conferindo originalidade a esta iniciativa. O resultado é um mosaico de assuntos, autores e nacionalidades. Podemos encontrar desde poemas do negro norte-americano Langston Hugues, traduzidos por Bandeira, até poemas do próprio Bandeira poeta ("4 poemas negros"), passando por Nicolás Guillén em tradução de Ribeiro Couto, Cecília Meireles traduzindo o argentino Luis Cané e o peruano Enrique Barrenechea e textos de Jorge de Lima ("Changô"), Câmara Cascudo ("Banzo"), Fernando Ortiz ("A cubanidade e os negros"), Jorge Mañach ("O problema negro em Cuba"), Mário de Andrade ("A superstição da cor preta"), Dantés Bellegarde ("Notas sobre o Haiti"), Cassiano Ricardo ("O negro no expansionismo bandeirante"), Bernardo Kordon ("Candomblé do Rio da Prata"), Fernando Romero ("Ritmo negro na costa zamba") etc. Isso tudo ilustrado por fotos, desenhos e reproduções de obras de arte, como a tela *Carregadores de café*, de Portinari ou a bela xilogravura *Quarteto de Vodu, (macumba)*, do haitiano Pétion Savain.

O número sobre índios, em novembro, também é igualmente variado, embora mais voltado para os países andinos do que para a costa atlântica, como o caso dos negros: fragmento do romance *Huasipungo*, do equatoriano Jorge Icaza; o conto *Yacú-mamá*, do peruano Ventura García Calderón; um artigo de José Martí sobre o *Popol Vuh*, "Cantos índios" do Peru; além de poemas de Jules Supervielle, Gabriela Mistral, Bandeira e Ronald de Carvalho. Havia ainda outros artigos curiosos: "A educação do índio na Bolívia", por Max Bairon; "O índio no bandeirismo", por Cassiano Ricardo; "Os mayas e algumas de suas lendas" (única aparição no jornal do guatemalteco Miguel Ángel Astúrias, vencedor do Prêmio Nobel de Literatura em 1967); "A vivenda indígena na Venezuela", por Gilberto Antolinez; "A força do índio e da selva no Chile", por Benjamín Subercasaux; e "Alguns instrumentos musicais sagrados e tabus dos nossos indígenas", primeira colaboração de Renato Almeida, futuro diretor do suplemento.

Esta simples enumeração nos permite notar a surpreendente variedade, ainda mais se pensarmos que — sem a internet de hoje — a circulação desses textos se fazia de forma complicada e demorada, por meio de remessas de revistas e cartas. Ainda assim, Ribeiro Couto se desculpa pela restrita seleção a que condena "os limites de um suplemento de domingo". E pede ainda às "dezenas de milhares de leitores que nos distinguem com sua atenção" que sejam "benevolentes para com o plano irregular e meramente exemplificativo deste suplemento". E conclui, redimindo-se:

> Estamos certos, porém, que a valiosa colaboração especial nele recolhida, firmada por figuras de primeiro plano na cultura nacional, e os ensaios estrangeiros cuidadosamente selecionados e traduzidos, serão de proveito ao leitor curioso destes temas; como serão, para o grande público, um excelente pano de amostra de tão apaixonantes questões.[32]

A América se estilhaçava para encontrar sua unidade. Parodiando Manuel Bandeira, podemos dizer que um ponto comum — a presença negra ou indígena — desdobrava-se em infinitas orquídeas desiguais.

Mas a ambição de Ribeiro Couto não parava aí:

> Em números ulteriores faremos o mesmo em relação ao índio, ao pioneiro, ao missionário, ao imigrante moderno e a outros temas fundamentais da formação americana, cujo sentido político e humano escapa às fronteiras de cada país por constituir a realidade demográfica e social do continente inteiro.[33]

Os demais temas nunca chegaram a ser editados. Pouco tempo depois, em fevereiro de 1943, Ribeiro Couto partia novamente em missão diplomática, dessa vez para Lisboa, onde permaneceria até 1946, antes de ir para a Iugoslávia, onde moraria por 16 anos. Em março, Renato Almeida assumiria a direção de "Pensamento da América", até fins de 1945.

MATURIDADE

Quando o ano de 1942 chegou ao fim, "Pensamento da América" tinha publicado 232 matérias, fora as notas, distribuídas por 224 páginas. A edição de janeiro de 1943 trouxe um "Índice alfabético e remissivo" com a indicação de que "estas páginas de índice foram compostas destacadamente, com numeração romana, afim de serem incorporadas ao primeiro volume de 'Pensamento da América'. Na encadernação do mesmo, devem constituir as folhas iniciais". Em fevereiro, pela primeira vez, há uma publicidade: "Casa encadernadora Nilo Figueiredo."

Em editorial comemorativo de um ano de vida, lemos um agradecimento ao público pelo reconhecimento do trabalho, embora com um tom algo melancólico: "Se esta obra de jornalismo puder continuar com o mesmo ritmo e o mesmo critério — quantidade, variedade e qualidade — esperamos que os nossos leitores não nos faltarão com o apoio e o estímulo sempre manifestados, e a que somos agradecidos." Este "se" soa estranho. Em fins de 1942, a Guerra ainda estava no auge e o nazismo em sua expansão máxima. O suplemento ia bem, aparentemente com um público leitor fiel e com colaboradores interessantes. Em princípio, não haveria razão alguma para que "Pensamento da América" se sentisse ameaçado.

Provavelmente Ribeiro Couto, já ciente da sua viagem, andava ansioso, sem saber se o seu esforço teria continuidade ou se seria interrompido.

A solução para a sua substituição foi encontrada dentro do próprio Itamaraty. Chefe do Serviço de Informação do Ministério das Relações Exteriores, Renato Almeida também fora amigo de Alfonso Reyes nos anos 1930, tendo trocado cartas com ele por mais de vinte anos.[34] Discípulo de Graça Aranha, depois da Semana de 22 passou a se interessar muito por música e folclore, tornando-se um grande especialista nesses assuntos, tendo publicado o livro *História da música brasileira* (1926). Renato era ainda membro da ABI, do IHGB, da Academia Brasileira de Música e da Sociedade Felipe de Oliveira, da qual também faziam parte Ribeiro Couto e Manuel Bandeira. Em 1930, participou de uma série de conferências sobre "criações da inteligência americana", organizada por Ronald de Carvalho a pedido do embaixador dos Estados Unidos, Edwin Morgan. Seu interesse pelas Américas não era, portanto, algo recente.

A edição de abril traz um editorial intitulado "O Pensamento da América e Ribeiro Couto", já citado no capítulo anterior. Assinado por Renato Almeida, compromete-se não mudar a linha seguida pelo seu antecessor, e após expor o perfil do trabalho do colega diplomata declara:

> Tais foram os traços que Ribeiro Couto fixou para este Suplemento e que nos cabe manter integralmente, ao substituí-lo na sua direção, animado por uma mesma identidade de pensar e de sentir, já que não posso igualá-lo também na arte de bem fazer. Mas, esforçar-me-ei para que continue na mesma diretiva, de tornar conhecido o pensamento da América.

E seu merecimento estará nessa obra de divulgação. O programa de Ribeiro Couto continuará, pois, objetivo e realista, para ser eficiente e fecundo.[35]

Ao analisar o conteúdo publicado na gestão de Renato Almeida fica claro que ele, de fato, seguiu a mesma linha de antes: grande incidência de matérias políticas, mais ou menos os mesmos autores e poetas, equipe de colaboradores mais ou menos semelhante. Isso foi possível porque o musicólogo, assim como Ribeiro Couto, também mantinha complexa e extensa rede de relações. O ofício de jornalista e pesquisador o mantinha bastante bem informado sobre as atualidades culturais do continente e, graças a isso, o nível de "quantidade, variedade e qualidade" do suplemento pôde-se manter praticamente inalterado.

No entanto, Renato Almeida tinha seu foco de interesses ligeiramente distinto do de Ribeiro Couto. Se este, sem dúvida, privilegiou a literatura em verso e prosa, aquele se voltaria para a produção musical do continente, embora sem desprezar as demais manifestações artísticas. Reservaria também um importante espaço para a questão do folclore.

Outra característica da gestão de Renato Almeida foi a criação de algumas colunas que apareciam com certa regularidade. Nenhuma delas foi permanente, todas iam e vinham, com muitas lacunas. Mas, a médio prazo, as colunas tornam-se um dado importante na identidade do suplemento. A principal delas foi, sem dúvida, a "Compositores Americanos". Muito provavelmente escrita pelo próprio Renato, estreou já no primeiro número dirigido por ele, em abril de 1943. A coluna apresentava aos leitores algum nome musical do continente, por meio de uma breve biografia e análise de sua obra, do ponto de vista da percepção musical. O primeiro músico a ser "fichado" foi o norte-americano Roy

Harris, elogiado pela sua "escrita clara, lineal e essencialmente contrapontista". Em maio e junho temos, respectivamente, Carlos López Buchardo (argentino, diretor do Conservatório Nacional de Música e Arte Cênica da Argentina, presidente da Associação Wagneriana de Buenos Aires e ex-diretor do Teatro Colón) e Eduardo Caba (boliviano, é apresentado como "artista que sente e pensa como um índio que tivesse estudado harmonia, contraponto e composição".[36]) A coluna retomaria em setembro, com Domingos Santa Cruz Wilson, compositor chileno, diretor da Faculdade de Belas-Artes da Universidade do Chile e fundador da Sociedade Bach. Em janeiro de 1944, é a vez de Silvestre Revueltas, mexicano, "uma das figuras mais notáveis do nacionalismo musical", comparado a Villa-Lobos por Otto Mayer-Serra. Em julho, os Estados Unidos voltam à cena com Serge Koussevitzky, há vinte anos diretor da Boston Symphony Orchestra. Dessa vez, a coluna se expande por duas páginas inteiras. Em outubro, o mexicano Carlos Chávez é homenageado, embora sem o título "Compositores Americanos". Um ano depois, em outubro de 1945, a derradeira edição da coluna contempla Angel Lasala, compositor e musicólogo argentino. Embora de maneira inconstante, Renato Almeida conseguiu reunir oito nomes de compositores americanos em atividade e que, além de compor, ocupavam postos estratégicos em distintas associações, sociedades e universidades.

Um desdobramento espontâneo dessa coluna foi anunciado em carta recebida pelo diretor do suplemento e publicada em nota na edição de maio: o sr. Francisco Gomes Maciel Pinheiro, chefe do Serviço de Divulgação do Departamento de Difusão Cultural da Prefeitura do Distrito Federal, anunciou a sua decisão de "irradiar, pela PRD-5, Rádio

Difusora da Prefeitura, as músicas dos compositores que forem biografados nesta seção".[37] Não sabemos se essa iniciativa perdurou por muito tempo, mas quando a carta chegou, o primeiro da lista (Roy Harris) já havia ido ao ar "num dos excelentes programas *Tesouro Musical para a Vitória*".[38] Mais uma vez, vemos que o interesse pelo "espírito" americano estava intimamente relacionado com a Guerra e com a vitória dos Aliados, e, portanto, com uma vontade de Estado.

Essa não foi a única vez que emissoras de rádio se interessaram pela questão pan-americana. Vale a pena notar que na programação radiofônica publicada em *A Manhã*, em 1941, podemos encontrar vários programas da Rádio Nacional dedicados à América Latina. Ao lado de Lamartine Babo e Radamés Gnatalli, era possível ouvir *Canções do México* (24 de agosto, às 9 da manhã) ou *Ritmos de Cuba* (25 de agosto, às 9:30 da manhã). E ainda em 1948, às 6:15 da tarde, era irradiado o programa *Canto das Américas*. Mais significativa para o presente estudo, porém, foi a iniciativa da mesma rádio PRD-5: em 1943, em comemoração à data nacional argentina (dia 9 de julho), a emissora preparou um programa de homenagens ao país vizinho, que por essa época ainda não tinha rompido relações com o Eixo e, por isso, era malvisto pelo pan-americanismo.[39] A programação musical tratou de misturar composições e intérpretes de ambos os países e previa:

> 1ª parte: *Vitalita*, de Williams, e *Serrana*, de Corrizo e Beoro, com o soprano Izabel Marengo; *Quem sabe*, de Carlos Gomes, com o soprano Cristina Maristany; *Vidalita*, de Etcheverry, e *Canción del Carrero*, de Carabalo e Buchardo; *Cisnes*, de Alberto Costa, com Bidu Sayão.

2ª parte: *Suíte do ballet Panambi*, de Ginastera; *Serenata para cordas*, de Alberto Nepomuceno; *Arrabal*, da Sinfonía Argentina, de Juan José Castro; *Episódio Sinfônico*, de Francisco Braga; *Huella e Gato*, de Aguirre; *Bailado do Guarani*, de Carlos Gomes.

O programa contou com a participação do embaixador Adrián Escobar; do professor contratado da Faculdade Nacional de Filosofia, da Universidade do Brasil, Julio Iglesias, que falou em nome dos intelectuais argentinos, e de Renato Almeida, que em seu discurso diz: "As fronteiras entre a Argentina e o Brasil são meramente geográficas. Sentimo-nos, nesta terra amada, como eu mesmo já me senti, em nosso próprio país e os argentinos, no Brasil, continuam em sua casa." Não deixa de ser surpreendente essa declaração, num momento em que a Argentina ia na contramão de todo o continente. Ele prosseguiu, insistindo na questão da cooperação intelectual:

> Um dever, portanto, cabe aos intelectuais dos dois países — e já agora eles o veem cumprindo com o mais amoroso intento — cooperar na obra do intercâmbio espiritual, na troca constante de homens e de idéias, num comércio eficaz de valores que permita um perfeito entendimento e a colaboração constante.[40]

É claro que "Pensamento da América" era um "amoroso intento" e por isso seu diretor era convidado para esse tipo de homenagem, quase como um representante oficial de um "pan-americanismo prático" espiritual. Esse, aliás, não foi o único convite que surgiu para Renato Almeida. Em novembro de 1944, o embaixador do Chile, Raul Morales, o convida para uma viagem pelo país andino. Em agosto de 1945, vai ao Peru, integrando a comitiva para a posse do novo presidente, Luis de Bustamante y Rivero. Em ambos os casos, cita "Pensamento da América" em seu discurso. No Chile, agradece o convite dizendo que o deve "sobretudo ao esforço realizado neste suplemento, que o Governo do eminente presidente Juan Antonio Ríos entendeu de incentivar, no alto testemunho que prestou ao seu Diretor".[41] No Peru, num discurso em nome da ABI, afirma:

> Posso assegurar que os esforços desenvolvidos pela intelectualidade e pelo jornalismo no meu país é considerável e estimamos que o conhecimento da cultura nos países americanos não deve ser o privilégio de alguns, mas é hora de lhe dar difusão ampla para aperfeiçoar a união continental. Tenho o prazer de cooperar, nesse esforço, nas colunas do *Pensamento da América*, em que procuro fazer conhecer os valores espirituais de toda a América no meu país.[42]

Renato Almeida representou o Brasil nessas ocasiões porque era um dos maiores representantes dos outros países americanos no panorama cultural brasileiro. Uma anedota publicada em março de 1944 deixa transparecer o papel relevante de Renato Almeida como mediador e promotor cultural. Francisco Curt Lang, presidente do Instituto Inter-americano de Música de Montevidéo e editor da importante publicação uruguaia *Boletim Latino-americano de Música*, estando mais uma vez no Brasil, cedeu uma entrevista a "Pensamento da América", onde confessou que desde 1941 estava empenhado em fazer um número especial sobre música brasileira. Dessa vez, o ministério de Gustavo Capanema nomeou uma comissão para acompanhar a publicação do volume: Villa-Lobos, Brasílio Itiberê, Manuel Bandeira, Andrade Muricy e Renato Almeida. A comissão se reuniu no Conservatório de Canto Orfeônico, onde foram distribuídos tarefas e assuntos. Por pura casualidade, no momento em que a comissão estava reunida, encontrava-se visitando o Conservatório o crítico musical do jornal argentino *La Prensa*, Gastón Talamón. Encontraram-se todos, e Renato Almeida não perdeu tempo em propor um almoço a realizar-se no dia seguinte na ABI, onde foram trocados "brindes muito cordiais" em nome do "importante papel que cabe à música como linguagem universal".

A reverência a Talamón vem, entre outras razões, do fato de ele ter publicado artigo "quando o maestro Villa-Lobos ainda era discutido e negado", em que defendia "o nosso grande compositor e lhe vaticinava a carreira que vem cumprindo gloriosamente".[43] Heitor Villa-Lobos, embora não apareça com freqüência, goza de um lugar privilegiado nas páginas de "Pensamento da América", justo no momento em que saía em turnê pelo continente. Merecedor de uma primeira página com foto e a manchete "Embaixador da música brasileira",[44] Villa-Lobos é anunciado como "legítimo orgulho americano". Sua "viagem artística" pelo continente foi extensa e incluiu: Chile (a convite da Universidade Nacional), Buenos Aires, México (a convite da Universidade Nacional), Havana, Estados Unidos (onde percorreu Nova York, Chicago, Boston, Filadélfia, Washington e Los Angeles), Canadá (por intermédio do embaixador no Brasil, Jean Desy) e Panamá (a convite da Universidade Nacional). O programa previa regência de várias orquestras "em auditórios diretos e de *broadcasting*", realização de conferências sobre a música brasileira ("de preferência o folclórico"), gravação de músicas sinfônicas de sua autoria para a "RAC

Vitor" e, em Hollywood, "trabalho num filme, em cooperação com a Coordenação de Assuntos Inter-americanos". Era o primeiro contato do músico brasileiro com o continente e lhe valeria a entrega de um diploma honorário de doutor em música pela Universidade de Nova York. "É interessante e proveitoso que o Continente tome um contato direto com o seu grande compositor, que representa uma das maiores afirmações da nossa capacidade estética e um dos criadores mais rigorosos da América", orgulha-se o autor do artigo, não assinado.

Também motivo de orgulho e objeto de cobiça seria Mário de Andrade. Num artigo intitulado "Mário de Andrade, musicólogo das Américas", o estadunidense Carlton Sprague Smith ressalta o trabalho do escritor no campo musical e conclui: "Mário de Andrade é um profeta do Novo Mundo. Ele sente o ritmo e o sentimento das Américas. (...) Tem muito que oferecer e nós, das outras repúblicas, temos ciúmes de vê-lo monopolizado pelo Brasil. É um musicólogo que pertence a ambas as Américas."[45] Num rompante de antiprotecionismo exacerbado, que faz lembrar o discurso internacionalista em torno da Amazônia brasileira, Carlton Sprague Smith revela-se um bom cidadão dos Estados Unidos da América. No entanto, morava no Brasil. E foi num jantar na sua casa, no Flamengo, que Renato Almeida encontrou-se com o compositor Samuel Barlow, pretexto para a matéria "Um compositor americano no Rio".[46]

Suas relações com intelectuais estadunidenses não param por aí. Vice-cônsul dos Estados Unidos no Rio desde 1942, servindo na Divisão de Relações Culturais, o escritor Charles Edward Eaton colaborou com vários jornais brasileiros, entre os quais *A Manhã*, além de ter apresentado conferências na Universidade do Brasil e no Instituto Brasil—Estados

Unidos, sendo mais um fio nessa teia de sociabilidade internacional. Desde agosto de 1943 até dezembro de 1946, ele teve mais de 15 aparições, ora como poeta (traduzido por Oswaldino Marques, Domingos Carvalho da Silva e Jorge de Lima), ora como autor de artigos de divulgação de grandes nomes da literatura dos Estados Unidos, como Walt Whitman, Robert Frost, ou Edna St. Vincent Millay, apresentados didaticamente aos leitores brasileiros. Mas, sem dúvida, seu maior aporte foi William Carlos William, poeta moderno amigo de Ezra Pound, Marcel Duchamp e James Joyce, cuja obra influenciaria anos mais tarde a geração *beatnik*. Era considerado por alguns como o principal poeta dos Estados Unidos depois de Whitman, e o suplemento teria o privilégio de publicar um texto seu na edição de novembro de 1943, com o título "Algumas considerações gerais sobre a poesia norte-americana". Nesse texto, republicado na primeira página da edição de maio de 1946, William cita Eaton. Depois, por várias vezes o vice-cônsul voltaria a dedicar-lhe artigos de análise e crítica.

Completando a modernidade estadunidense, há ainda alguns artigos sobre *jazz*, gênero na época ainda polêmico no Brasil. E aí retomamos a questão musical, terminando com uma nova enumeração que nos permite perceber, mais uma vez, quão bem articulado era Renato Almeida. Sobre educação musical, encontramos: "A primeira escola de música na América" (abril de 1944); "Ensino de música aos meninos uruguaios" (maio de 1945); "A educação musical em 14 repúblicas latino-americanas" (outubro de 1945); e sobre músicas e ritmos regionais: "A música andina no altiplano boliviano" (junho de 1943); "A música de Santo Domingo" (agosto de 1943); "As polcas paraguaias" (outubro de 1943); "O segredo harmônico e modal de antigas canções mayas" (este publicado com partituras, novembro de 1943; "A música crioula no Equador" (março de 1944); "A influência do meio geográfico na música do México" (junho de 1944); "Músicos Mochikas do Peru" (outubro de 1944); "Música e dança entre os aborígenes venezuelanos" (outubro de 1945); entre outros. Mais de trinta artigos sobre música foram publicados em sua gestão e podemos perceber, pelos títulos, que a preocupação com a questão etnográfica e folclórica era grande.

Não é por menos que, por essa época, começou a colaborar com o suplemento o folclorista Luís da Câmara Cascudo. Depois de aparecer como poeta no já citado número sobre negros, editado por Ribeiro Couto, ele estreou como articulista, em julho de 1943, com um curioso artigo intitulado "Plano nacional para a investigação folclórica", onde revelava que El Salvador é o primeiro país americano a iniciar um plano sistemático de investigação folclórica. O pequeno país centro-americano, apelidado por Gabriela Mistral de "O Pequeno Polegar das Américas", só aparecera até então com uma gravura e uma pintura de J.M. Vidés e um poema de Julio Enrique Ávila. E surpreendeu, dessa vez, com um Comité de Investigaciones del Folklore Nacional y de Arte Típico Salvadoreño, organização estatal sob a presidência de dona María de Baratta, pianista e compositora, autora do livro *Cuscatlán típico: ensayo sobre etnofonía en El Salvador*. Segundo Câmara Cascudo, nem os Estados Unidos "com seus 62 cursos em 25 universidades, com seus mestres eminentes, com seus métodos de ciência, como sua poderosa, rica e variada bibliografia, não conseguiram o '*master-plan*' nacional que El Salvador começa".[47] E comemora, evocando lendas brasileiras, em cobrança indireta ao nosso governo: "Como o folclore vive enrolado com as fadas e os Curupiras, Juruparis e mães-d'água, pode ser que, num recanto silencioso de El Salvador, esses duendes dancem e cantem, solidários nas bênções (*sic*) ao Governo que se lembrou deles."[48]

Colaborador assíduo até maio de 1945, Câmara Cascudo aparece como tradutor do dominicano Fabio Fiallo e de Walt Whitman, mas sua maior contribuição são seus artigos e apresentações de contos folclóricos latino-americanos. Em setembro de 1944, por exemplo, protesta contra a ausência do conto "O cavaleiro da virgem", do peruano Ricardo Palma, em antologia a ser publicada pelo Instituto Internacional de Literatura Ibero-Americana. Após registrar a queixa, faz questão de narrar com suas próprias palavras o conto que, assim como a obra de Palma, é "movimentado e delicioso de vida, humorismo, figura e graça contagiante".[49]

Renato Almeida disse em entrevista[50] que, quando publicou, junto com Graça Aranha, a revista *Movimento Brasileiro* (anos 1920), o objetivo era "incentivar os jovens a olhar a realidade brasileira" e afirma que "fomos nós, os modernistas, que iniciamos este movimento em prol do folclore". Nada mais pertinente, portanto, do que a presença de inúmeros artigos sobre temas variados do folclore continental. Para além dos artigos de Câmara Cascudo, encontramos: "A sociedade folclórica do México" (nota da redação); "Vilancicos na literatura e no folclore de Porto Rico", de Sylvio Julio; "Quisqueya, La Indómita y Brava — folclore dominicano", com apresentação de Câmara Cascudo; "A Árvore Errante — uma história do folclore da Ilha de Páscoa", em adaptação de José Ignacio Vives Solar; "O Folklore: definição, ciência e arte", do já citado Ralph Steele Boggs; "Mitos e cerimônias tradicionais na festa de São João Batista na Venezuela", por Olivares Figueroa; "Festas e danças no Cuzco e nos Andes", por Luis Valcarcel (prólogo do livro de estampas de Pierre Verger), e ainda "Vaqueiro marajoara", por Umberto Peregrino; "A família andina", por Carlos Cuervo Márquez; "As carretas de boi nos pampas brasileiros", por Hoffan Harnisch Jr.; "O gaucho, senhor dos pampas", por Henríque Méndez Calzada; "O destino do gaucho", por Manoelito de Ornellas, entre outros. Também chama a atenção a presença de algumas fotos de "costumes" locais que apareciam sem conexão com texto algum e sem indicação de autoria, somente ilustrando "aspectos" da vida cotidiana no continente. Em janeiro de 1942 encontramos, por exemplo, uma foto de uma senhora bebendo mate na cuia com a legenda "saboreando um amargo", e uma outra de uma mãe índia com o filho e uma cesta e a curiosa legenda "aspectos bolivianos: tipo de *chola* de La Paz com maior porcentagem de sangue indígena".

Além da coluna "Compositores Americanos", podemos notar, no número de maio de 1945, um pequeno quadro intitulado "Você conhece bem o seu continente?", no qual o jornal propunha dez perguntas para testar o conhecimento do leitor. As respostas vinham algumas páginas adiante e eram longas e explicativas. Há no número de 1º de julho de 1945, de *A Manhã*, um quadro semelhante, chamado "Perguntas brasileiras". No suplemento, esse mesmo mecanismo se repetiria em setembro e outubro de 1945, já sob o nome de "Perguntas americanas". Na apresentação, um apelo: "Vamos ver se você, ilustre leitor, conhece bem o seu continente. Para isso, propomos as perguntas abaixo. Procure responder por si só, mas, se não conseguir, verifique as respostas na página 60 e as divulgue da melhor forma."[51] O que eles pediam que fossem divulgadas eram informações, na sua maioria de história política, envolvendo grandes feitos e heróis do continente, como, por exemplo, "Que episódio da vida de Artigas se considera um fato único na história universal?", ou "Quem foi o primeiro presidente da República Dominicana?", ou ainda, "Quem venceu a batalha de Chacabuco?". Muitas dessas informações possivelmente já tivesse aparecido no próprio suplemento, percebidas por um leitor mais atento.

Outra coluna era a de Oscar Mendes, "De toda a América". Bastante irregular também, aparece apenas cinco vezes ao longo do ano de 1945, e merece um editorial, assinado pelo próprio colunista, em que esclarece a sua função:

> A nossa secção, mais noticiosa que propriamente crítica, será uma contribuição modesta à obra de difusão cultural americana que *Pensamento da América* realiza. Nela noticiaremos, em notas breves, o aparecimento das obras de maior mérito dos escritores das Américas, bem como resenharemos as revistas e publicações de literatura, de arte e de cultura em geral.[52]

Mais uma vez, vemos a necessidade de pertencer a redes muito específicas e muito bem conectadas, que o permitiam ter essas informações atualizadas. Talvez seja essa dificuldade que explique as lacunas da seção. De toda forma, em dezembro de 1944, ao completar três anos de idade, já é possível vislumbrar alguns frutos do trabalho do suplemento. É o próprio Oscar Mendes que comemora:

> O que *Pensamento da América* vem fazendo é já duma utilidade inegável e tem servido para atrair a atenção de nossos críticos, de nossos pensadores e mesmo do leitor comum, para certos nomes e certas obras que até então soavam aos nossos ouvidos mais estranhamente do que os de um provável escritor dos planaltos da China ou de alguma ilha dos mares do sul.[53]

De fato, podemos imaginar que os nomes de Yolanda Bedregal ou Jorge Isaacs não fossem dos mais conhecidos por um leitor comum brasileiro. De onde eram eles? A que escola pertenciam? A enxurrada de novidades exigia um nível mínimo de organização. Se, sem dúvida, um dos critérios de publicação era o que lhes chegava às mãos, não podemos deixar de pensar também que escolhas eram feitas. Os brasileiros, funcionários de *A Manhã*, pertenciam, na sua maioria, à geração modernista. Eram remanescentes da Semana de 22 — alguns foram participantes ativos, como Manuel Bandeira, outros, filhos silenciosos, bastardos. Modernos, sim, mas enteados do simbolismo e — por que não? — do amaldiçoado parnasianismo.

E do lado de lá? Quem eram os hispânicos pelos quais estes brasileiros se interessavam? Também os modernos? Sim, sem dúvida. Mas antes de cair na armadilha dos "falsos cognatos", escutemos a lição de Gabriela Mistral, em entrevista concedida a "Pensamento da América", em agosto de 1945:

> O modernismo na América Espanhola foi coisa muito diferente do do Brasil. Lá constituiu um movimento voltado para a França, por causa do afrancesamento de Rubén Darío, mestre da minha geração. O modernismo se traduz, entre os poucos hispanizantes, em uma saturação de gongorismo e de poesia arcaísta, tudo isso mesclado, às vezes, de uma mistura quase impossível de analisar hoje, tão barroca resulta, passados vinte anos.
>
> Para vocês, em compensação, o modernismo volveu até o vernáculo.[54]

Haroldo de Campos, em *Ruptura dos gêneros na literatura latino-americana*, lembra que "o Modernismo de língua espanhola cronologicamente corresponde ao Parnasianismo e ao Simbolismo brasileiros, embora nem sempre de maneira esteticamente simétrica".[55] Campos cita Octavio Paz para melhor explicar as peculiaridades desse *outro* modernismo:

> *Reforma verbal, el modernismo fue una sintaxis, una prosódia, un vocabulario. Sus poetas enriquecieron el idioma con acarreos del francés y del inglés; abusaron de arcaísmos y neologismos; y fueron los primeros en emplear el lenguaje de la conversación. Por otra parte, se olvida con frecuencia que en los poemas modernistas aparece un gran número de americanismos e indigenismos. Su cosmopolitismo no excluía ni las conquistas de la novela naturalista francesa ni las formas lingüísticas americanas. Una parte del léxico modernista ha envejecido como han envejecido los muebles y objetos del art nouveau: el resto, ha entrado en la corriente del habla. No atacaron la sintaxis del castellano; más bien le devolvieron naturalidad y evitaron las inversiones latinizantes y el énfasis. Fueron exagerados, no hinchados: muchas veces fueron cursis, nunca tiesos. A pesar de sus cisnes y góndolas, dieron al verso español una flexibilidad y una familiaridad que jamás fue vulgar y que habría de prestarse admirablemente a las dos tendencias de la poesía contemporánea: el amor por la imagen insólita y el prosaísmo poético.*[56]

Bella Jozef, no seu clássico *História da literatura hispano-americana*, detecta quatro períodos mais ou menos difusos (isto é, sem balizas temporais que delimitem uma fronteira exata) em torno do modernismo hispânico. Para ela, ao modernismo que se inicia na América espanhola em fins do século XIX, segue-se o pós-modernismo, a vanguarda e a pós-vanguarda. A estes grupos pertence a quase totalidade dos escritores apresentados em "Pensamento da América".

Se analisarmos os dez escritores hispânicos que mais aparecem no suplemento (e vale aqui notar que é impossível calcular uma estatística exata: esses dados são baseados mais numa ordem de grandeza do que em algarismos precisos), verificaremos que, segundo a classificação de Jozef, cinco pertencem ao modernismo, dois ao pós-modernismo, dois às vanguardas e um ao romantismo, sendo que dos cinco "modernos", dois são considerados também "pós-modernos". Se estendermos esta lista aos "50 mais" teremos: quatro românticos; treze modernos; cinco pós-modernos; doze vanguardistas; dois pós-vanguardistas; e um barroco. Mas é interessante notar que nem sempre esses números equivalem a muitas aparições. Ou seja: há muitos autores da vanguarda do continente que aparecem apenas uma vez, assim como os parcos quatro românticos são bem mais presentes ao longo dos números.

Com uma análise mais detida, nos damos conta de que as escolhas eram feitas menos por épocas ou escolas e mais por temas e gêneros. Os organizadores do suplemento eram especialmente cativados pela prosa regionalista. Em todas as correntes e tempos, privilegiavam-se aqueles que falavam da *terra*. O romantismo aparece representado pelo mestre da poesia gauchesca, José Hernández e o seu *Martín Fierro*; pelo regionalista Jorge Isaacs; pelo Sarmiento de *Facundo*; e pelo costumbrista peruano Ricardo Palma. Já na fronteira entre o romantismo e o realismo, Palma é que mais aparece entre os quatro, não só com contos da sua *Tradiciones peruanas*, como com inúmeros artigos de análise à sua obra. Bandeira o define como "o prosador mais elegante, mais vivo, mais ágil" da fase romântica e nos revela que na segunda metade do século XIX veio ao Brasil, nomeado cônsul em Belém do Pará. No entanto, tomado por *deslumbramiento y bochorno*, viajou à Europa e aos Estados Unidos.⁵⁷ "Miniaturas de novelas", as *Tradiciones* tratam da vida limenha no século XVIII, mesclando história e ficção. Pelo menos três dessas crônicas foram traduzidas em "Pensamento da América".

Nenhum poeta ou prosador citado por Bella Jozef na fase do realismo-naturalista aparece no suplemento, que volta a enfocar os "últimos românticos" na denominação de Bandeira ou "precursores do modernismo", na de Jozef: os cubanos José Martí e Julián del Casal, os mexicanos Gutiérrez Nájera e Salvador Díaz Mirón e o colombiano Asunción Silva. Destes, o último é, sem dúvida, o que mais aparece. Traduzido por Manuel Bandeira e por Acácio França, é homenageado num artigo intitulado "A poesia crepuscular de José Asunción Silva", publicado num dos primeiros números de 1941. Não por acaso, dessa vez é o penumbrista Ribeiro Couto que o traduz, numa sensível identidade pessoal com a obra do colombiano. Seu poema mais famoso, *Nocturno*, foi publicado diversas vezes, com tradução de Bandeira, que o elogia muito no seu *Manual de literatura hispano-americana*.

É importante lembrar que todo o modernismo hispano-americano foi marcado por uma confluência de distintas correntes, notadamente o romantismo, o simbolismo e o parnasianismo, sempre com forte influência, como nos apontou Mistral, da literatura francesa. Jozef chama a atenção para uma releitura dessas correntes segundo novos "princípios estéticos" e lembra que "havendo começado com características marcadamente cosmopolitas, tomou pouco a pouco um sentido nacional".⁵⁸ Quem sabe esse não seja um dos poucos pontos em comum entre os dois modernismos, e motor de tal aproximação.

Gabriela Mistral cita como mestre de sua geração Rubén Darío, poeta nicaragüense, muito viajado, que romperia as fronteiras do continente, deixando discípulos por onde passava. Bandeira define suas qualidades como "ampla liberdade de invenção nos temas, nas imagens, nos metros"; e seus defeitos, um vocabulário de "indiscreto luxo", preciosismo certamente herdado do Parnaso. Tendo bebido nas fontes de Góngora e Victor Hugo, Darío mantém ilesa sua originalidade. Juan Valera disse-lhe, em carta citada por Jozef: "*usted no imita a ninguno. Usted lo ha revuelto todo: lo ha puesto a cocer en el alambique de su cerebro y ha sacado de ello una rara quinta esencia*".[59] Bandeira nota, ainda, que seu lado "americano transparecia no tropicalismo verbal e no elogio de Walt Whitman e Salvador Díaz Mirón", este último, poeta mexicano de forte influência parnasiana.

Whitman é outra chave para entendermos "Pensamento da América". Junto com Gabriela Mistral é ele quem mais aparece, com mais de 19 poemas traduzidos por pelo menos sete tradutores diferentes. Seus cantos e exaltações ao mundo e à democracia não incomodavam em nada o governo ditatorial brasileiro. Ao contrário, sua visão ao mesmo tempo universalista e apaixonada de sua terra, e seus versos decretando a indissolubilidade do continente americano o transformavam em uma das vozes mais adequadas e pertinentes dentro desse projeto de Estado.

Já Darío, apesar de ser importante voz onipresente nos discursos literários dos hispano-americanos, não devia ser tão benquisto na época. Bandeira nos revela, em 1949, quando publica seu já citado manual, que ao visitar o Brasil, em 1906, Darío teria escrito um poema não publicado nas páginas do suplemento pan-americanista por motivos óbvios: trata-se da "Epístola" publicada no *Canto errante* (1907), cujos versos são dedicados à sua memória pouco saudável do Brasil:

> (...)
> Mas al calor de ese Brasil maravilloso,
> Tan fecundo, tan grande, tan rico, tan hermoso,
> A pesar de Tijuca y del cielo opulento,
> A pesar de esse foco vivaz de pensamiento
> A pesar de Nabuco embajador, y de
> Los delegados panamericanos que
> Hicieron lo posible por hacer cosas buenas,
> Saboreé lo ácido del saco de mis penas;
> Quiero decir que me enfermé...

E foi no Brasil que o poeta nicaragüense formulou os versos que jamais deveriam ser relembrados em tal conjuntura internacional:

> Yo panamericanicé
> Con un vago temor y con muy poca fé.

Em vez disso, "Pensamento da América" dedicava-se a publicar os mais apropriados versos ufanistas de um poeta muito menos conhecido e prestigiado, mas que recitava, com toques de Whitman, o que todos queriam ouvir. É Ledo Ivo quem traduz o uruguaio Gastón Figueira:

> Creio em ti, Pan-américa,
> Creio no espírito fraternal que te une e eleva.
> Creio em ti, porque és sobre todas as coisas
> o crisol da Humanidade onde cintilam
> o fatalismo silencioso do índio,

a melancolia ruidosa e alegre do negro
e o renascimento das raças européias.
Pan-américa, esse destino de solidariedade, renovação e refúgio
é o que transforma tuas vinte e uma repúblicas em um forte
abraço.
(...)⁶⁰

A imprópria visão de Darío sobre a terra americana deveria ser cuidadosamente revista. Isso talvez explique a republicação do excelente artigo de João Ribeiro, em *O Imparcial*, na ocasião da estada do nicaragüense no Brasil:

> Quando li surpreso e encantado o seu poema das *Prosas profanas* tive, como um dos seus críticos, a convicção de que eram de um poeta *anti-americano*.
> Mas estou que, contra aquele crítico, fomos vítima de igual illusão metafísica.
> Por uma falsa filosofia de ideólogos, ainda se considera *americano* tudo o que traz o cunho paizista ou indiático, o que é falso ou pelo menos místico.⁶¹

Essa análise bastante sensata, elaborada no seio da *Belle Époque* carioca, redime o poeta mas acerta em cheio o romance moderno hispano-americano, que despertava interesse nos redatores do suplemento. Nestes, era sem dúvida o caráter *paizista* (relativo à paisagem) ou *indiático* que importava, adaptando a visão realista-naturalista ao impacto estético e subjetivo, como nos lembra Jozef. A seleção de prosa de "Pensamento da América" explicita essa escolha: o peruano José Santos Chocano (cujo livro *Alma América* era dotado de uma "caótica fuerza sudamericana" e que desafiou Whitman com a célebre frase *"Walt Whitman tiene el norte, yo tengo el sur*"[62]); o colombiano José Eustáquio Rivera (que esteve a trabalho na Amazônia, onde se inspirou para escrever o seu principal romance, *La Vorágine*, de vocabulário nitidamente regionalista); o equatoriano Jorge Icaza (com o romance indigenista *Huasipungo*); o também peruano Ciro Alegría (que, embora considerado de vanguarda, sofria muitas influências do folclore indígena, como no indigenista *La serpiente de oro* ou em *El mundo es ancho y ajeno*, de 1941, o qual mereceu boas críticas no suplemento no momento de sua publicação); os argentinos Ricardo Güiraldes (autor do célebre *Don Segundo Sombra*, "romance definitivo do tipo gaúcho"); Enrique Larreta (de *La Gloria de Don Ramiro*, "síntese do romance modernista", nas palavras de Jozef); e ainda a primeira fase do também indigenista Cesar Vallejo, peruano. Possivelmente há mais, mas aqui me detenho, pois já está claro que, para além das questões literárias, todos esses textos têm em comum um mesmo personagem: o chão americano. E por isso eles são citados e recitados nas páginas do suplemento.

Ao lado destes autores pouco conhecidos do público brasileiro, "Pensamento da América" também publicava textos de literatura nacional. Apesar de aparecerem em proporção bem menor, vê-los lado a lado deixava transparecer uma dimensão simbólica de união. Reverenciando a terra brasileira, temos em primeiro lugar Euclides da Cunha. Em seguida, o simbolista Cruz e Souza; o "poeta da América", Gonçalves Dias; o próprio Cassiano Ricardo, que publica como poeta diversas vezes; o sociólogo pernambucano Gilberto Freyre, que, funcionário de *A Manhã*, iria colaborar uma ou outra vez e, já nos anos 1970, publicar o livro *O brasileiro entre os outros hispanos: afinidades, contrastes e possíveis futuros nas suas inter-relações*; e até uma notinha curta anunciando a publicação de *Sagarana*, de Guimarães Rosa. Novamente, é a questão espacial que une todos esses nomes. A premissa básica, na prática, era a reveladora frase: "Quanto mais brasileiros nos mantivermos, melhor serviremos à América." E tudo estava dito.

* * *

A terra americana, protagonista de tantos versos e prosas, é também aquela que "oferece ao mundo o único exemplo de uma perfeita unidade continental", já que a Europa encontrava-se "desagregada e desunida pela Guerra", a Ásia era ainda "misteriosa", a África, "terra de colonização", a Oceania "não é uma expressão continental".[63] E é do alto desse americanocentrismo exacerbado que o Brasil tenta buscar seu lugar ao sol, aderindo às causas continentais sem deixar de tentar impor a sua soberania nacional. Em novembro de 1943, quase um ano depois do célebre encontro de Vargas com Roosevelt em Natal, em meio a uma foto dos dois na ocasião, um editorial afirma:

> Ficamos com a América porque ficamos com o Brasil e ficamos com o Brasil porque continuamos com os princípios essenciais que modelaram a nacionalidade e lhe deram força para sobreviver. O Brasil quer manter os traços peculiares da sua fisionomia, guardar com zelo inexcedível as suas tradições e resguardar o seu caráter de quaisquer deformações internacionais. Mas, para isso, ele deve colaborar fraterna e lealmente com a família continental, levando a ela a contribuição do seu esforço, para criar formas novas de existência neste hemisfério.[64]

Durante os quatro primeiros meses de 1944, Renato Almeida evitou retratar temas políticos nas capas de "Pensamento da América", contrariamente ao que praticara no ano anterior. Um artigo sobre o Itamaraty, outro sobre o centenário da República Dominicana (à qual o suplemento dedica um número completo), a impressão do chanceler colombiano sobre o Brasil e um artigo do professor de literatura norte-americana na Universidade do Brasil, Morton Dauwen Zabel, sobre a literatura dos Estados Unidos em 1944 arejaram um pouco a carga política do suplemento, que seria retomada em maio, com a decisão de envio da FEB à Itália (o primeiro escalão partiria no dia 2 de julho). O editorial intitulado "Soldado do Brasil, defensor da América" justifica a decisão pelos preceitos da declaração de Havana (em que a agressão a um país dirige-se a todos) e tenta animar a auto-estima nacional afirmando: "Nós sempre fomos campeões da solidariedade continental", como se a ajuda brasileira fosse o que faltava para que fôssemos vencedores da Guerra também. Conclui com um olhar esperançoso no horizonte, repetindo a consoladora ilusão varguista de que "no mundo do futuro será enorme a participação da América e o Brasil terá o papel que lhe reserva a sua grandeza, o seu potencial econômico e a sua posição política". E tudo isso graças ao "nosso guia sereno e seguro" que antevê o melhor para o Brasil.

Em junho, mês em que os Aliados desembarcam na Normandia, uma enorme foto de Roosevelt ocupa toda a primeira página do suplemento, com a manchete "Deus abençõe a América" (sic). Na página seguinte, uma reprodução da prece de Roosevelt pela vitória. Em julho, essa estética de grandes figuras se mantém e desta vez é George Washington que ocupa toda a capa do suplemento, com uma bandeira dos Estados Unidos ao fundo. Sob pretexto do 4 de julho, a edição é integralmente dedicada aos Estados Unidos. Mais uma vez, em agosto, nada de texto na capa. O retrato feito por Jeronymo Ribeiro estampa um Eisenhower fardado, com a legenda: "Eisenhower, o chefe americano da cruzada de libertação da Europa."

Inesperadamente, depois desse bombardeio de grandes figurões, a capa de setembro seria sobre a "Segunda reunião pan-americana de consulta sobre geografia e cartografia". Os meses que se seguiram, trouxeram as já citadas matérias sobre Villa-Lobos e sobre a viagem de Renato Almeida ao Chile. Temas políticos de novo, só em janeiro de 1945, quando o governo mexicano convocou o país do continente para uma conferência interamericana com o propósito de discutir as medidas necessárias para a vitória bélica. O resultado desse encontro foi a Ata de Chapultepec, publicada na íntegra na edição de março seguinte. No mês de fevereiro, a grande notícia é a visita do secretário de Estado dos Estados Unidos, Edward Stettinius, que veio ao Brasil saudar Vargas em nome de Roosevelt, dois anos depois de terem se encontrado em Natal. A razão da visita era "assegurar o fortalecimento cada vez maior das relações entre o Brasil e os Estados Unidos, para vencer a guerra, para estabelecer a paz, para reforçar o sistema pan-americanista e preparar a construção da nova ordem internacional". O mesmo discurso de sempre.

"AMÉRICA VITORIOSA" foi a feliz manchete de maio de 1945. No dia 8 de maio, os Aliados vencem, após a rendição dos militares alemães. O texto da primeira página comemora outra vitória, além da que foi obtida na Segunda Guerra Mundial:

> A grande hora das Américas não é apenas aquela em que o *nazismo* foi vencido no campo de batalha, mas aquela outra em que o *hemisfério* conseguiu estabelecer integralmente a sua unidade, com força política construtora da paz universal.[65]

No centro da página, uma foto de Roosevelt, o "herói americano" que morrera em 12 de abril, menos de um mês antes da vitória do hemisfério contra o nazismo. Não deixa de ser surpreendente que, tendo o número de abril saído no dia 29, em edição dedicada ao barão do Rio Branco, não se tenha dedicado nenhuma linha ou homenagem ao tão acalorado defensor do pan-americanismo moderno.

Em junho, outra surpresa: a primeira página traz um incrível texto de Raul Bopp, o poeta modernista de *Cobra Norato*. O texto, escrito em 1942, intitula-se "América" e traz ao centro a foto de uma criança loura com a singela legenda: "sorrindo para o novo mundo que nasce, esta criança é o futuro e a poesia das Américas". Por reafirmar o pan-americanismo sob a ótica do progresso e pelo seu caráter visionário do pós-guerra, além de sua escrita vigorosa, o artigo, apesar de um pouco longo, merece ser reproduzido:

> É a supremacia técnica da América que vai ditar a resposta.
> Ela retomou ritmos de produção titânica.
> O gênio de aço acendeu as fornalhas. Cresceram as fábricas como monstros achatados, mastigando noite e dia fatias de ferro. (...) É a marcha das máquinas a marcha da vitória.(...)
> Chegaremos, certamente, um dia, por "highways", de Los Angeles ao Chile, Rio de Janeiro ou Buenos Aires. Mas os autos rodarão em pneumáticos de borracha da Amazônia, onde ela é nativa — seja de procedência peruana, venezuelana,

boliviana ou brasileira —, e não mais das Índias de além-Pacífico (...) Com o desenvolvimento da aviação veremos, em futuro próximo, esquadrilhas do ar riscando o céu no afã de reunir distâncias, vencendo a territorialidade e o isolamento. Por conseguinte, farão de melhor modo a aproximação dos povos, em uma solidariedade e equilíbrio de interesses. (...)

Com o rádio e com o cinema, que são duas forças de expressão universal, teremos, com um sentido acústico pelo continente, escolas de arte, música, jornais pelo ar. Difusão do conhecimento pela imagem. O cinema é como um livro de figuras (dá uma ilusão de autenticidade).

Tempos virão em que, com uma economia de esforço mental, só se estudará geografia pelo cinema, história pelo cinema, astronomia pelo cinema. Cada aula, em cada escola, será uma sessão de cinema.

Caberá naturalmente a Los Angeles, privilegiada e pioneira, com as aquisições maravilhosas da técnica, exercer uma função de alto alcance cultural na era moderna. E nem é preciso ser pequeno profeta para anunciar que esta cidade, com as duas forças referidas, cinema e rádio, que ela vem desenvolvendo e que dominarão definitivamente outras formas de expressão, terá ainda um posto líder no mundo.

Cidade de sabor latino, de inspiração latina a principiar pelo seu próprio nome, centro magnético onde vivem os maiores intelectuais, compositores, escritores, pintores, artistas e mulheres bonitas, será fatalmente na era que vai começar com a Vitória, um grande centro de cultura mundial. Como um dia foi Atenas. Como foi Roma. E como foi Paris antes de 13 de junho de 1940.[66]

* * *

Em julho de 1945, no mesmo mês em que Stettinius deixa o cargo de Secretário de Estado nos Estados Unidos, Cassiano Ricardo deixa a direção de *A Manhã*. Um editorial, na página 2, homenageia o poeta de *Martim Cererê*, que "consagrou-se a este jornal com uma devoção sem limites (...), não raro sacrificando a saúde com o excesso de trabalho". Na primeira página, a justificativa da mudança:

> *A Manhã* entra hoje em uma nova fase (...) Agora, passada a guerra na Europa, as preocupações são principalmente de ordem nacional. Chegou a hora de serem completados os nossos órgãos constitucionais. O governo, vindo ao encontro da Nação, tomou espontaneamente a iniciativa dos atos que se vinham tornando necessários para o mais largo e livre pronunciamento da soberania popular. Restabeleceu as liberdades que se achavam sob restrições. Autorizou a reabertura dos partidos políticos. Reatou relações com a Rússia. Concedeu a anistia. Promulgou uma lei eleitoral em que a justiça tem sempre a última palavra e em que as possibilidades de burla e de fraude foram severamente eliminadas.[67]

As eleições tinham sido marcadas para o dia 2 de dezembro. Em outubro, Getúlio Vargas renunciou.

Cassiano Ricardo deixou, nesse momento, o jornal que fundara há cinco anos e que "firmou-se no conceito do público e da Nação. Tornou-se uma folha de projeção nacional com assinantes e leitores em todos os Estados".[68] Seu substituto seria Heitor Moniz, que, em julho de 1944, publicara em "Pensamento da América" o artigo "Síntese da literatura norte-americana". Renato Almeida continuou no seu posto e o mês da renúncia de Vargas valeria a manchete de primeira página "IV Assembléia do Instituto Pan-americano de

PENSAMENTO DA AMERICA

Suplemento panamericano de A MANHÃ, publicado mensalmente sob a orientação de Ribeiro Couto (da Academia Brasileira)

O Novo mundo se constituiu em nações independentes, ligadas todas por uma lei comum que as obriga a: as suas relações exteriores e lhes proporciona a professar, conservadas de um Congresso geral e permanente. — BOLIVAR

RIO DE JANEIRO, 22 DE JANEIRO DE 1942

A cooperação das Américas

Somente pela paz e a união de todas conseguiremos construir o nosso engrandecimento e formar uma grande e poderosa nação, sem temer e sem dar as outras nações, motivos de receio. Podem os brasileiros continuar entregues às suas atividades, certos de que o Governo manterá a ordem e assegurará a tranquilidade necessária ao trabalho e ao desenvolvimento das nossas fontes de produção e meios de comércio.

Vivemos num continente de civilização jovem, em que a luta mais árdua ainda é do aproveitamento dos abundantes recursos que a Natureza nos oferece, habituados a cultivar a paz como diretriz de convivência internacional, continuaremos fiéis ao ideal de fortalecer, cada vez mais, a união dos povos americanos. Com eles estamos solidários para a defesa comum em face de ameaças e intromissões estranhas, cumprindo, por isso mesmo, abster-nos de intervir em lutas travadas fora do Continente. E essa união, essa solidariedade, para ser firme e duradoura, deve basear-se no mútuo respeito das soberanias nacionais e na liberdade de nos organizarmos, politicamente, segundo as próprias tendências, interesses e necessidades. Assim entenderemos a doutrina de Monroe e assim a praticamos. O nosso pan-americanismo nunca teve em vista a defesa de regimes políticos, pois isso seria atentar contra o direito que tem cada povo de dirigir a sua vida interna e governar-se. Fomos um império e somos, hoje, uma República, sem que a mudança de regime nos afastasse dessa política de cooperação, que é uma condição da nossa história.

(Palavras do presidente Getulio Vargas)

Explicação deste suplemento

A direção de A MANHÃ resolveu transformar em publicação mensal o seu suplemento pan-americano, que, com o título de "Pensamento da América", vinha aparecendo semanalmente. Deu-lhe, para isso, nova feição, adotando o modelo de AUTORES E LIVROS, o nosso suplemento literário, que tão magnífico êxito tem obtido no Rio e em todos os Estados.

"Pensamento da América" passará a circular em fascículos de 16, 24 ou 32 páginas, conforme as necessidades e a matéria que tivermos a oferecer aos leitores. Sua paginação será seguida, de ano a ano, formando cada ano um volume, evocado um desses volumes oferecerá aos leitores um índice geral de autores e assuntos. Nosso suplemento panamericano terá uma finalidade de plena irradiação cultural, em todos os setores. Nosso intuito, que esperamos não seja demasiado temerário é transformá-lo num órgão especializado de difusão, no Brasil, de todas as informações, de todos os estudos e de todos os conhecimentos que se referem à América. Oxalá possamos fazer dele também um órgão de informações e estudos para o resto da América, de tudo que se prende ao Brasil.

Sendo assim, como acabamos de dizer, o "Pensamento da América", que até hoje conservava uma característica meramente literária e artística, passará a revestir também um caráter político.

Surge ele na hora culminante da vida americana. Nunca o nosso continente viveu uma hora de tanto entusiasmo, de tanta vibração, de tamanha magnitude. Os mais representativos líderes continentais — entre os quais devemos por em destaque os nomes de Franklin Delano Roosevelt e Getulio Dornelles Vargas, símbolos da América nas duas regiões que abrange o continente — já teem dito em palavras memoráveis, de solidariedade integral de sentimentos, de ideias e de aspirações, que nos reune, a todos os povos americanos, no momento dramático que estamos vivendo.

Nosso desejo, nosso sonho, é que "Pensamento da América" possa constituir um indício, um eco, uma tradução da importância impar da hora que hoje soou para o mundo, e, pois, para nós.

O Estado Novo e o Pan-Americanismo

Não nos iludamos: há um tremenda providencial para cada momento histórico.

Não se dirá a este homem e ao realista de que falam os pensadores; será porém, o "responsavel", o que destinado a conduzir-nos com a sua estrela.

Estas reflexões me foram sugeridas pelo notável discurso com que o presidente Getulio Vargas definiu, a 7 do corrente, a nossa conduta em face da guerra. Em meio das paixões dos entusiasmos que não se deformam a fisionomia do acontecimentos, confirma-se bem quem tenha traçado rumo tão seguro para a sua paiz. Sentiu-nos minuto de precipitação, de atraso.

Quem falou em tamanho sentido de brasilidade é porque conhece o segredo das horas possue o senso agudíssimo que marcar, dar a entender, a passagem das multidões pelo futuro.

* * *

Devemos sem dúvida, manter-nos afastados do contínuo. Nenhum brasileiro pensa de modo contrário. Loucura, sem remédio, nos entrarmos no fogueira tormenta ginase ganha torno de fórmulas de governo reunião de mitos cabidos em um torno de uma unidade social e política que o Brasil é o primeiro paiz americano a promover, assimilando princípios de justiça social para qual evolue o mundo moderno.

Mas a época em que vivemos está cheia de ciladas, surpresas de toda ordem e imperialismos desembestados. O dia de amanhã a Deus pertence e não irá de estranhar se o Brasil ver que estará "com o seu punho para a reforma violenta do mundo civilizado".

Se, assim é compreende que o supremo guia da nação brasileira saiba perfeitamente situar-se, desde já a posição nosso paiz não só para conservar mesmo — na defesa do seu estilo de vida — como também para com os ideais da solidariedade continental — na defesa do patrimônio de civilização que as Américas estão construindo neste hemisfério.

"Não está no espírito no não está na linha politica América — são palavras suas agredir nenhum povo ou violar o direito de outrem". O que se fez, entretanto, arraneando o coração de todos, das praias Atlântico às do Pacifico, o sentimento da inviolabilidade continental. Qualquer agressão venha de onde vier, há de contra-nos demonstrados a nos humildes e nações mais humildes que já constituem aliança defensiva.

* * *

Somos — como bem acentua o presidente Getulio Vargas — um povo pacífico. Nossa reputação é viver em perfeita harmonia com os demais povos do mundo.

Temos conseguido, por vencer perigos, de que já se vê vão outras nacionalidades...

(Continua na página)

GETULIO VARGAS E FRANKLIN ROOSEVELT

Os presidentes Roosevelt e Vargas em palestra, quando da visita do primeiro ao Rio.

"Pensamento da América" foi o suplemento pan-americano do jornal *A Manhã*, publicado entre 1941 e 1948. A cada último domingo do mês, trazia manchetes culturais, políticas ou diplomáticas, buscando dar conta da diversidade do continente. A tipologia e os desenhos do cabeçalho permaneceram inalterados do primeiro ao último número.

Página anterior: Primeiro número de "Pensamento da América" como suplemento mensal (22/1/1942), formato que conservaria até 1948.

Primeira página de "Pensamento da América": "Solidariedade" (26/7/1942).

PENSAMENTO DA AMERICA

ANO II — N.º 5
DOMINGO, 30 DE MAIO DE 1943
RIO DE JANEIRO (BRASIL)

Suplemento panamericano de A MANHÃ sob a direção de RENATO ALMEIDA
Publica-se no último domingo de cada mês

A Expressão do PAN-AMERICANISMO

No assunto tomos que pensar com sinceridade, falar com clareza e agir com segurança. A idéia americana, que se tornou a atmosfera da vida política continental, pode ser interpretada com uma amplitude maior ou menor, mas não sofre contestação e se impõe a todos os vinte e uma repúblicas. Naturalmente, não se trata de uma ação igual em todas as circunstâncias, mas de uma mesma política que pode, sem ser violentada, apresentar vários aspectos condicionados à realidade de cada país. Esse é um princípio fundamental, mesmo porque o panamericanismo não pode ser, nem nunca será, a renúncia da soberania, e antes uma conjugação de esforços coletivos, emanados de cada expressão nacional e com as suas maiores peculiares. Foi o que se tem afirmado solenemente em todas as conferências interamericanas e foi o que se selou nesta capital, na III Reunião de Chanceleres.

Não estamos mais no sonho de Bolívar, quando reuniu o Congresso do Panamá — realidade mesquinha para um ideal tão grandioso — estamos numa época em que nos entendemos e nos compreendemos, estabelecemos uma unidade defensiva e colaboramos, cada qual ao seu modo e nos limites de suas condições e possibilidades, para a mesma causa que nos une indissoluvelmente. O espetáculo da união americana é salutar e magnífico e debalde procura a intriga inimiga colocar perfidas intenções em fatos que inocentemente interpreta a seu jeito. A idéia americana se fez sentimento para vencer. Desde que passou do plano meramente político para se robustecer no espírito dos povos, que procuram entender-se e ajudar-se, quando se sentem membros duma mesma família, o panamericanismo se tornou uma força criadora de valores novos e essenciais à vida continental.

A América começa a se procurar e a se descobrir, desviando os olhos, que viveram perpetuamente fixados na Europa e volvendo-os em derredor encontra fisionomias amigas e mãos estendidas, dispostas a um trabalho em conjunto. A obra dos políticos não vingaria se os povos não colaborassem na sua construção e não se tornassem eles os guias de suas chancelarias. Aquilo que alguns próceres das Américas compreenderam desde o deslabar da nossa independência, é hoje uma realidade tranquila para o homem da rua. Este pode ignorar Bolívar, Monroe, Mitre ou Rio Branco, mas sabe que do Estados-Unidos à Patagônia devemos estar unidos para não dar ao mundo este espetáculo de estraçalhamento que a Europa apresenta. O homem da rua sabe que essa união é a luta em que, no hemisfério, jamais derramará seu sangue, a menos que seja para defendê-lo da agressão de homens de outros continentes. Essa idéia já está hoje arraigada em todas as consciências americanas.

Dentro desse material é que cabe aos governos e às classes dirigentes de cada um dos nossas repúblicas plasmar a obra panamericana. Para que as suas raízes se aprofundem e cada vez a seiva se torne mais vigorosa, é preciso que os entendimentos não traduzam apenas interesses, mas os conciliem num espírito de cooperação mútua, de verdadeira boa vontade. As condições de vida, de progresso e de prosperidade dos nossos países são desiguais e nem todos têm os mesmos bafejos da sorte. Por isso, os irmãos melhor aquinhoados devem ser solícitos com os menos favorecidos, colaborando como eles e incentivando as suas possibilidades de crescimento e riqueza. Só isso evitará os impulsos de inveja, desencadear de ambições como os que conflagram a humanidade nesta hora, ameaçando nossa própria existência, a nós que permanecemos distantes e neutros diante das disputas do velho mundo, mas nem por isso deixamos de ser insolitamente agredidos. Agredidos, quando os povos do Eixo violentaram os princípios basilares que nos deram a vida e aos quais devemos a coexistência continental, e agredidos pelas armas traiçoeiras que se viraram contra nós.

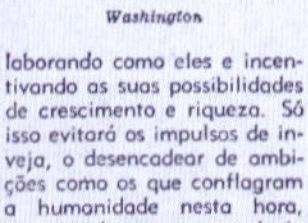

O americanismo que, na reação ao ataque, se gigantou e deu ao mundo o espetáculo vigoroso da solidariedade de todos os povos deste hemisfério, não é um entendimento ocasional de países ameaçados, nem uma aliança transitória diante do inimigo. É uma atitude sentimental e lógica, de tal sorte que não foi um país apenas, mas todo o continente que os japoneses atacaram na manhã de 7 de dezembro de 1941.

Não estamos nos tempos em que se invocava, para justificar o panamericanismo, a doutrina de Monroe, pois esta é uma declaração unilateral, e os países da América, em Buenos Aires, em 1936, afirmaram que qualquer ato suscetível de perturbar a paz do continente atingiria a todos e a cada um deles. Esse princípio foi depois revigorado na Declaração de Lima, em 1938, na do Panamá de 1939 e na de Havana, de 1940, quando, de modo ainda mais preciso, proclamaram — "todo atentado de um Estado não americano contra a integridade ou a inviolabilidade do território e contra a soberania ou a independência política de um Estado americano será considerado como um ato de agressão contra os Estados que assinam esta Declaração."

A atitude da América era assim decorrente de compromissos coletivos, pelos quais a doutrina de Monroe, unilateral e visando muitas circunstâncias que, objetivamente, já estão perimidas, se transformava no compromisso de todas as vinte e uma Repúblicas de defenderem os princípios essenciais de independência e liberdade. Vencedores os deuses da força, legitimadas as razões do espaço vital, não seria possível ao nosso hemisfério escapar à rapina e ao irremediável destino da escravidão.

Aliás, Jefferson — cuja glória se celebra com excepcional emoção, porque o trágico espetáculo dos nossos dias demonstra a perenidade dos seus ensinamentos — já traçara do seu tempo, o quadro da diferença entre a Europa e a América, que hoje se reproduz com traços mais vivos, nas relatividades do momento. Dizia ele:

"Qual é em resumo todo o sistema da Europa para com a América, senão uma tirania atroz e insultuosa? Um hemisfério da terra, separado do outro por vastos mares de ambos os lados, com um sistema diferente de interesses, originados dos climas diferentes, solos diferentes, produções diferentes e diferentes modos de existência, tendo as suas próprias relações e deveres locais, é obrigado a inclinar-se diante dos pequenos interesses do outro, das suas leis, dos seus regulamentos, das suas paixões, das suas guerras, e a privar-se do intercâmbio social, e da troca de deveres e conveniências mútuas com os seus vizinhos, conforme impõem à tirania dos homens as leis da natureza. Felizmente esses abusos dos direitos humanos estão caminhando para o fim no nosso continente, e não é provável que sobrevivam a prazo"

Washington

Monroe

Bolívar

Primeira página de "Pensamento da América": "A expressão do pan-americanismo" (30/5/1943).

Primeira página de "Pensamento da América": "A política brasileira de cooperação intelectual" (29/8/1943).

PENSAMENTO DA AMÉRICA

ANO III — DOMINGO, 29 DE OUTUBRO DE 1944 — N.º 10
RIO DE JANEIRO (BRASIL)

Suplemento panamericano de A MANHÃ, sob a direção de RENATO ALMEIDA

EMBAIXADOR DA MÚSICA BRASILEIRA

INICIOU uma viagem artística pelo continente o maestro Heitor Vila Lobos, sem dúvida alguma, a maior figura da música americana.

O maestro patrício, atendendo a um convite da Universidade Nacional do Chile, partiu para Santiago, via Buenos Aires, seguindo da metrópole andina para a capital mexicana, convidado pela Universidade Nacional do México. Dali irá a Havana e, em seguida, aos Estados Unidos, visitando suas principais cidades, inclusive Nova York, Chicago, Boston, Filadélfia, Washington e Los Angeles.

Na primeira dessas cidades o maestro Vila-Lobos, será recebido em sessão solene pela congregação da Universidade de Nova York que, nessa oportunidade, far-lhe-á a entrega do diploma honorário de Doutor em Música.

Graças a um convite oficial recebido por intermédio do embaixador canadense no Rio, sr. Jean Desy, o maestro brasileiro irá também ao Canadá, dali retornando ao Brasil, visitando, então, Panamá, como convidado da Universidade Nacional do mesmo país.

A longa excursão do maestro Vila-Lobos, em colaboração, como se vê, com governos e entidades culturais, prevê a sua atuação como regente de várias orquestras em auditórios diretos e de "broadcasting", a realização de conferências sôbre a música brasileira, de preferência o folclórico, a gravação de música sinfônicas de sua autoria, nos Estados, para a RAC Vítor e trabalho, em Hollywood, num filme, em cooperação com a Coordenação dos Assuntos Interamericanos.

É interessante e proveitoso que o Continente tome um contato direto com o seu grande compositor, que representa uma das maiores afirmações da nossa capacidade estética e um dos criadores mais rigorosos da América. Não queremos acentuar apenas, em Vila Lobos, o mérito de sua obra, mas a sua originalidade e a contribuição própria que trouxe à música da sua época. Depois da grande floração de Debussy e da escola francesa, podemos incluir Vila-Lobos, pela novidade da sua arte, no plano dos Stravinsky, dos Schoenberg, dos Hindemith, e agora, dos Schostaskovski. E não se diga que estamos exagerando a personalidade do autor de "Rudá Poema", que é a sua obra, talvez brutal, mas seguramente marcante. Tirando a sua inspiração, das vozes nativas, vozes cantantes ou emanentes das coisas silenciosas, mas que têm ritmo, melodia e harmonia, Vila Lobos não apenas as tomou como motivo, mas não raro como realidade, a exemplo das "Amazonas", em que a famosa sinfonia verde parece soar no bailado infrene e desmedido.

Como músico do Brasil, Vila Lobos é uma grande voz americana, porque, nas suas composições, não há nunca o circunscrito do regional, do pitoresco ou do exotismo, mas sempre uma força nativa, que se universaliza pela arte. Nas "Bachianas Brasileiras", Vila Lobos, através de motivos e formas brasileiras, rende homenagem ao maior dos músicos, João Sebastião, fundindo o popular e o erudito, o nacional e o universal, dentro da infrangível unidade estética.

Ajunta-se, ainda, a circunstância de ter o nosso compositor um grande mestre de canto orfeônico, sendo, nesse particular, o seu esfôrço realmente impressionante e significativo. Com um amor e uma tenacidade inexcedíveis e que o levam a sacrificar não raro a sua criação artística, Vila Lobos criou o canto orfeônico no Brasil, dando-lhe um relêvo e uma expansão impressivos. O novo Conservatório, que dirige, é o resultado de um labor de evangelista, afim de preparar professores para difundir por todo o país o ensino do canto coral, que despertará por certo vocações musicais, mas será também um pouco de beleza espalhada sôbre a trivialidade do eterno-cotidiano. Ainda essa realização é alguma coisa que Vila Lobos pode apresentar no estrangeiro, para dizer bem dele e da cultura musical brasileira.

Embora conhecidíssimo do público de todas as capitais americanas, onde suas obras já fazem parte dos programas dos grandes concertistas e regentes, Vila Lobos vai ter o primeiro contato com os mais destes países, sobretudo com os Estados Unidos, onde o seu nome já se projeta, gloriosamente.

O crítico norte-americano, Herben Weinstock, escrevia que Vila Lobos é "amazônico em sua fecundidade criadora, tropical, híbrido, e movendo-se — avançando sempre e longe a versatilidade das suas profusões de estilos".

O número de suas "opus", usasso o processo, já onderia por quinhentos. Compôs óperas, bailados, uma quantidade de músicas de câmara e peças de piano, todo um repertório para pequenos orquestra, concertos, missas, um oratório e muitas canções. Dirige. Educa. Como seu país, a sua atividade é continental".

Vila Lobos é um legítimo orgulho americano.

Primeira página de "Pensamento da América": "Embaixador da música brasileira" (29/10/1944).

A paginação, moderna para a época, trazia sempre muitas ilustrações, como mapas, partituras, fotos, e até um quadro interativo para o leitor testar seus conhecimentos acerca do continente americano.

"As grandes figuras do continente americano" (22/1/1942, p. 16).

País da Ausência

Um poema de Gabriela Mistral, em tradução de Ribeiro Couto

E' o país da ausência
estranho país,
com leveza de anjos,
contornos sutis,
da cor da alga morta,
da cor indecisa,
com a era de sempre,
sem era feliz.

Romãs não dá nunca,
tampouco jasmins.
Nunca teve céus,
nem mares de anil.
Não sei do seu nome,
de ninguém o ouvi.
No país sem nome
é que vou dormir.

Nem pontes nem barcos
trouxeram-me aqui.
Ninguém me falara
do estranho país.
Nem eu o buscava,
nem o descobri.

Nasceu-me de coisas
que não são país:
de pátrias e pátrias

que tive e perdi,
bem como criaturas
que morreram vi;
do que já foi meu
e se foi de mim.

Perdi cordilheiras,
e vales sem fim,
doirados pomares,
cheirosos jardins;
perdi também ilhas
de verde e de anil.
As sombras de tudo
a envolver-me vi
e, juntas e amantes,
fazer-se país.

Cabelos de névoa
sem fronte ou cerviz,
hálitos errantes
sempre a me seguir,
ao longo dos anos
virando país.
No país da ausência
é que vou dormir.

(Tradução de RIBEIRO COUTO)

DOIS POEMAS

de Archibald Macleish
(Norte-americano)
1892-19..

HAVERÁ POUCA COISA A ESQUECER
O VÔO DOS CORVOS
UMA RUA MOLHADA
O MODO DO VENTO SOPRAR
O NASCER DA LUA; O PÔR DO SOL.
TRES PALAVRAS QUE O MUNDO SABE
POUCA COISA A ESQUECER.

SERÁ BEM FACIL DE ESQUECER
A CHUVA PINGA
NA ARGILA RASA
E LAVA LABIOS
OLHOS E CEREBRO
A CHUVA PINGA NA ARGILA RASA
A CHUVA MANSA LAVARÁ TUDO
O VÔO DOS CORVOS
O MODO DO VENTO SOPRAR
O NASCER DA LUA; O PÔR DO SOL
LAVARÁ TUDO ATÉ CHEGAR
AOS DUROS OSSOS DESNUDADOS
E OS OSSOS, OS OSSOS ESQUECEM.

CHARTRES

PEDRAS, O QUE ME ESPANTA
NÃO É QUE TENHAIS RESISTIDO
POR TANTO TEMPO A TANTO VENTO E A NEVE TANTA.
POIS NÃO VOS TINHAM CONSTRUIDO
PARA ARROSTAR NESTA COLINA
O INVERNO E O VENTO DESABRIDO?

MEU ESPANTO É QUE SUPORTAIS,
SEM VOS GASTARDES, NOSSOS OLHOS,
NOSSOS OLHOS MORTAIS...

(Tradução de MANUEL BANDEIRA)

Exemplo de paginação de poemas publicados em "Pensamento da América" (22/2/1942, p. 52).

VOCÊ CONHECE BEM O SEU CONTINENTE?

VAMOS VER se você, leitor ilustre, conhece bem o seu continente. Para isso, lhe propomos as perguntas abaixo. Procure responder por si só, mas, se não conseguir, verifique as respostas na página 60 e as divulgue da melhor forma.

1 — Quem foi Eloy Alfaro e como morreu?
2 — Que episódio na vida de Artigas se considera um fato único na história universal?
3 — Além de Libertador, que outro título de glória tem Bolivar?
4 — Qual a nacionalidade de Rubén Darío?
5 — Que era a sociedade "La Trinitaria" fundada por Juan Pablo Duarte?
6 — Quem foi o primeiro presidente da República Dominicana?
7 — Finlay descobriu que o mosquito era o transmissor de que enfermidade?
8 — Que médico norteamericano auxiliou Finlay a sanear Cuba?
9 — Que foi o "Grito de Dolores" e quem o deu?
10 — Quem venceu a batalha de Chacabuco?

Quadro "Você conhece bem o seu continente?" (27/5/1945, p. 66).

Fotografia "Quadros da Vida Argentina: Saboreando um amargo" (22/1/1942, p. 16).

Coluna "Compositores Americanos", publicada regularmente durante a gestão de Renato Almeida (30/1/1944).

"Bruxos e feiticeiros do antigo Peru", matéria ilustrada com desenhos do século XVI (26/1/1947, p. 7).

O segredo harmônico e modal de uma antiga canção maya

Gerónimo Baqueiro Fóster (mexicano)

COMO um descanso reconfortante e fecundo para o espírito, naquela época, em que Merida, a cidade das "veletas", limpa de corpo, sonhadora e sensível, havia começado a olvidar o canto italianizante de seus amados trovadores vernáculos, tipo Huay ech (Fermin Pastrana) e Chan Cil (Cirilo Baqueiro) para adotar, quem sabe por que secretas coincidências do modo de sentir, o bambuco de Colômbia, de ritmos mexidos, melodias arrulhadoras e harmonias românticas, assim como diversas canções cubanas, lânguidas e sensuais, aprazia-me passar as melhores horas dos incomparaveis carnavais da rivea capital de Yucatán, escutando, com extraordinária emoção, a música da chamada **Dansa de las Cintas ou dos toles** — esquisita para a minha sensibilidade infantil —, que, sem saber a razão, me fazia estremecer desde então como se fosse o eco de misteriosos e remotos cantos ancestrais.

Não era a coreografia, a dansa em si, nem o deslumbrante colorido da indumentária dos dansarinos o que mais me impressionava, senão o acento particular da sua música, em cuja melodia presenti cadências de extraordinária beleza, determinadas por funções harmônicas em estado latente, muito simples, distinta por completo das que, por exemplo, regiam esses cantos com os quais, nas serenatas, acompanhados por guitarras, vão os namorados atravês das palmas, versões confirmar suas paixões vementes ás jovens peninsulinas.

Desde aqueles dias inolvidáveis amei esse canto inquietante para mim, único no seu genero e estilo, que, mensageiro no tempo do nobre sentir de uma grande raça, chegou por esa via até nós e sem dúvida continuará a sua peregrinação através dos séculos.

Nas minhas contínuas travessias de adolescente pelas terras Campechanas, yucatecas e de Quintana Roo, interrogando não só os músicos instruidos, mas os nativos, das cidades e aldeias, e tambem, os solitários da selva, aprendi de ouvido, escutando-as de viva voz, acompanhadas com palmadas, perco heres tão próprios e asi com um simples batido de palmas, versões diferentes entre si apenas em pormenores mínimos, cuja transcendência nos dias de hoje reconhecer sendo vários anos mais tarde.

Ao entregar-me no México, como aluno do Conservatório Nacional, quando meus conhecimentos escolares de harmonia, contraponto e das estruturas da criação profissional e popular me permitiram, me propus a trabalhar, já não sobre a matéria inerte dos antigos acordes, mas sobre o material vivo da música cantada e tocada, e senti a necessidade de encontrar explicação para certas particularidades harmônicas, melódicas e rítmicas e do sentido da música nacional, a condição de que realmente o fosse.

Rapidamente desisti de continuar investigando no campo estéril da música profissional e, por isso, me entreguei por inteiro á música popular de todas as regiões do país.

Talvez esse incontido sentimento de simpatia pelo nacional nascesse de uma reação de meu ser contra a estética dos quartos, oitavos e dezesseisavos de tom, ao adquirir a convicção plena de ser esse um sistema artificial, cujos fundamentos estão muito longe da Natureza, não só no que toca ás relações dos sons entre si, mas as suas consequências de toda ordem na utilização da melodia e da harmonia.

XTOLES
FLAUTA O SUS CONGENERES

(partitura musical)

Orientado novamente na investigação, com o equipamento técnico necessário, me veio de novo á mente o misterioso canto escutado em horas inolvidáveis.

Conservado apenas na recordação, pois não soi porque, podendo fazê-lo, nunca quis escrever as versões aprendidas de ouvido, senti subitamente o temor de ver esquecido o essencial dessa canção que, em, conhecidos arranjos para orquestra e banda de música militar, feitos há quase três quartos de século, me pareceram completamente deformado.

E no esforço, vi brotar, novamente, do coração, pois ali o havia guardado, aquele canto de múltiplas versões ouvidas, seja a dansarem e cantarem os toles ciládicos ou simplesmente a cantarem os velhos de Hopelchén, Bolonchenticul, Dzibalchén, Iturbide, Chunchintok, Komchén, Xkanhá, Sahcabchén e dos povoados ao longo das estradas de ferro do sul, este e oeste da peninsula.

A que se deve a estranha doçura e tristeza de sua melodia? Por que, em minha pretensão de harmoniza-la, o que aprendí no Conservatório não correspondia ao carater nem ao seu acento melódico?

Qual é o significado da expressão toles que, com titulo lhe dão em Yucatán, toda a canto, mas á dansa e aos dansarinos?

Donde vem essa canção, como se tocava e em que ocasiões?

Já nos anos 4.° e 5.° deste século se devia esclarecer, graças a uma preparação técnica levada muito alem do que permite o ensino do Conservatório, que a escala musical, da canção do toles é apenas de cinco sons.

(exemplo musical)

Sim semitons, isto é, uma escala pentafônica, considerada como a mais antiga do planeta, pois incontestavelmente é a mesma que as civilisações do Egito, Suméria, China, Assiria e Babilônia conheceram e dos povoados ao longo das estradas de ferro chegados até nós.

Sua estranha doçura, austera e nobre, se deve á carência de semitons, e a tristeza a grandes notas que determinam seus pontos de apoio, que os indios cantam diminuindo.

Em 1925, cheguei á conclusão de que essa melodia era harmonizável com os seus próprios elementos, quer dizer com os dois únicos acordes que sustentos por por três superpostas, aparecem com função fundamental sobre os gráus 1° e 5° da sua escala.

(exemplo musical)

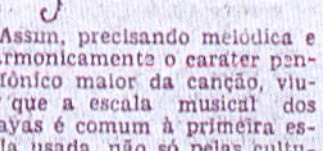

Assim, precisando melódica e harmonicamente o carater pentafônico maior da canção, viu-se que a escala musical dos mayas é comum á primeira escala usada, não só pelas culturas acima referidas do Egito e do Oriente, mas tambem dela derivam muitos cantos tradicionais da Escócia e da Finlândia.

Ao confrontar com a maya, que é a mesma dos aztecas, a escala musical dos cantos incas, de indiscutivel antiguidade, recolhidos por investigadores vernáculos e estrangeiros no Perú, tive a surpresa de ver que ela é também no modo menor pentafônico, sem semitons.

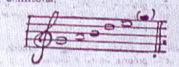

Examinando-a cuidadosamente, encontrei que essa escala menor dos incas não é propriamente uma escala nova, mas uma inversão da escala dos aztecas e mayas, apoiada na sub-dominante menor, que com função principal de tônica, em absoluto contraste com a escala básica, que em sua tônica leva o acordo maior.

Pontafônicas uma e outra, com duas funções únicas — tônica e 5 gráus — diferenciadas das eptafônicas européias, maior e menor, com três gráus — tônica, dominante e subdominante — essas escalas ou modos pentafonobianos do continente americano se diferenciam radicalmente em que a primeira tem em seu primeiro grau um acorde maior que alterna constantemente com o menor do 5.° grau.

(exemplo musical)

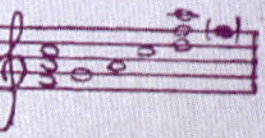

Enquanto a escala inca exige sobre seu 1° grau um acorde menor, que alterna com o maior do 2° grau.

(exemplo musical)

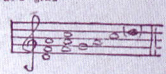

Essa formação natural do modo menor pentafônico, como uma inversão da pentafônica maior, vem destruir todas as teorias européias sobre o modo menor e pentafônica harmonizável tão absurda dos harmônicos inversos, fundada por Zarlino no século XVI e defendida por tantos músicos de todos os tempos, entre os quais Riemann e D'Indy, que podemos dizer contemporâneos.

Pelo exposto, comprender-se-á claramente, que a pretensão de utilizar o canto dos toles harmonizado com as funções modais de tônica e dominante da escala maior européia, fez com que muitos caíssem em erros imperdoáveis.

Daí os mais decididos optarem por modificar essa melodia, europeizando-a, na parte que se acreditava que era o conveniente do acorde do 5.° grau da escala eptafônica européia.

Ninguem reparou na presença do modo pentafônico e se forçou, portanto, essa melodia, composta por uma escala européia, harmonizável, por conseguinte, com o acorde maior na função principal e com um acorde menor na secundária, a levar nesta um acorde sobre o 7.ª menor, em cuja formação há o indispensáveis, precisamente, o dos sons de que carece por natureza a escala pentafônica.

E sabido que, entre os mayas, como entre os mexicanos, a música era uma instituição do Estado, regulada totalmente por coordenadores especializados, sob as ordens imediatas de um diretor perito em várias artes.

Primeiro preparavam-se tecnicamente cantores, instrumentistas, dansarinos e compositores e quando já um e outros tinham alcançado a mestria necessária em centros equivalentes aos conservatórios de hoje, passavam a incorporar-se aos conjuntos activos, de ordem civil, militar e religiosa, cujas normas eram ditadas pelos respectivos responsaveis, segundo leis invariaveis.

Pol o dr. Pedro Sánchez de Aguilar, nascido na cidade de Valladolid, Yucatán, em 11 de abril de 1555, descendente dos conquistadores Hernán Sánchez

(Continua na pág. 159)

"Rio Pan-Americano: origens do Amazonas", reportagem ilustrada com croqui do rio, desenhado à mão (22/2/1942).

Mapa da República do Paraguai, também desenhado à mão, para ilustrar o dossiê especial sobre esse país, publicado em fevereiro de 1942. No início do suplemento, era comum dedicar algumas páginas (entre 10 e 20) a determinado país, buscando dar conta de sua história, economia, geografia etc. (22/2/1942).

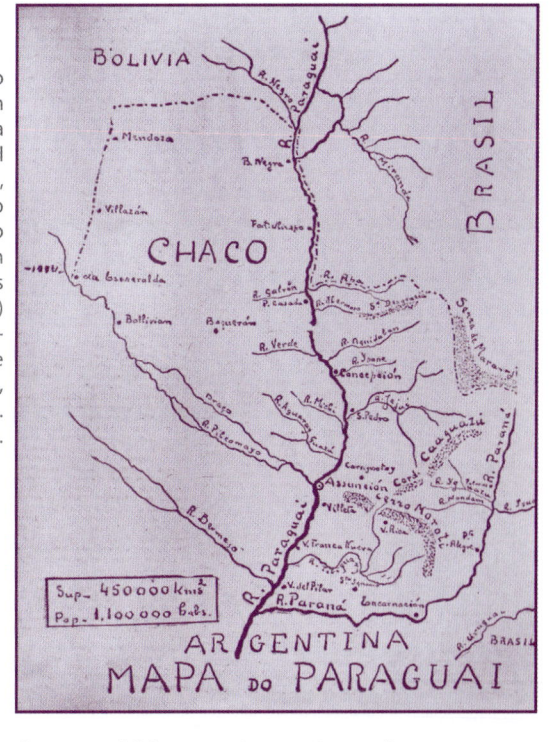

Página anterior: "O segredo harmônico e modal de uma antiga canção maya", texto ilustrado com partituras de música (28/11/1943).

Nas páginas do suplemento cunhou-se o que Getúlio Vargas chamou de "a interpretação brasileira do pan-americanismo". Ora instrumento político, ora força de manobra diplomática, o suplemento acompanhou de perto os esforços para a integração americana, ilustrando-os sempre que possível com fotos de seus principais atores sociais.

Encontro de Getúlio Vargas e Franklin Roosevelt, em Natal, em novembro de 1943 (28/11/1943, 1ª página).

Getúlio Vargas e general Justo, na inauguração da ponte internacional Brasil-Argentina, sobre o rio Uruguai (30/9/1945).

Getúlio Vargas, Oswaldo Aranha e Max Henríquez Ureña, embaixador da República Dominicana no Brasil (27/2/1944, p. 20).

Os chanceleres Oswaldo Aranha e Summer Welles (EUA), por ocasião da Conferência do Rio de Janeiro.

Themístocles da Graça Aranha, chefe da Divisão de Cooperação Intelectual do Ministério das Relações Exteriores (29/8/1943, p. 93).

Assinatura do protocolo entre o Equador e o Peru, em janeiro de 1942: sentados, Solfy Muro, chanceler do Peru, e Tobar Donedo, chanceler do Equador. De pé, ao centro, Oswaldo Aranha, que serviu de mediador da questão (28/5/1944, p. 67).

A política brasileira de cooperação intelectual: intercâmbio universitário com a Bolívia (29/8/1943, p. 112).

A professora uruguaia Angelica Larrobla conversa com Renato Almeida por ocasião de sua visita ao Brasil, para estudar português, com bolsa do Ministério das Relações Exteriores (29/9/1946, p. 135).

Fernando Curt Lang, presidente do Instituto Interamericano de Música, e Renato Almeida, diretor de "Pensamento da América" (26/3/1944, p. 37).

Major Jayme Alves de Lemos, membro da Sociedade de Estudos Pan-Americanos e colaborador do suplemento a partir de 1946.

arquivo familiar

O intercâmbio literário era uma das maiores forças do suplemento, que publicou em suas páginas mais de 200 poemas e contos traduzidos para o português. Em encontros, viagens, relações de amizade, jantares e remessas de revistas, traçava-se a delicada teia que unia os intelectuais do continente.

O escritor mexicano Alfonso Reyes e Ribeiro Couto, diretor de "Pensamento da América", em Havana, em novembro de 1941 (22/2/1942, p. 93).

O escritor mexicano Alfonso Reyes, pelo lápis de um caricaturista satírico (22/3/1942, p. 68).

Foto de Walt Whitman (22/2/1942, p. 42).

José Eustáquio Rivera, escritor colombiano, autor de *La Vorágine*, em sua cabana na Amazônia (21/6/1942, p. 110).

Alfonsina Storni, poetisa argentina (31/10/1943, p. 141).

Juana de Ibarbourou, poetisa uruguaia (30/9/1945, p. 122).

Gabriela Mistral, poetisa chilena (25/10/1942, p. 175).

Gabriela Mistral, então consulesa do Chile no Rio, foi uma das mais fiéis colaboradoras do suplemento. Flagrante do memorável momento em que ela recebe o Prêmio Nobel de Literatura das mãos do rei Gustavo da Suécia.

As artes plásticas também ocupavam lugar importante, reproduzindo muitas das obras dos principais pintores, escultores e gravuristas do continente. A atualidade e a diversidade do suplemento permitem traçar um panorama bastante significativo das artes visuais do período, dos nomes mais conhecidos aos mais obscuros.

Los alcatrazes, óleo de Diego Rivera, México (24/10/1942, p. 182).

A boda, óleo de Pedro Figari, Uruguai (11/8/1941 e 22/3/1942).

Mãe e filho, óleo de David Alfaio Siqueiros, México (29/9/1946, 1ª página).

A festa, desenho aquarelado de Fernando Fader, Argentina (22/3/1942, p. 61).

Painel de Portinari, pintado em 1941, na seção hispânica da Biblioteca do Congresso de Washington (20/12/1942, p. 224).

Carregadores de café, óleo de Cândido Portinari, Brasil (27/9/1942, p. 161).

Retrato de uma Ponche, óleo de J. M. Vides, El Salvador (29/8/1943, p. 103).

O gaúcho do laço, óleo de César Querós, Argentina (21/6/1942, p. 116).

Bailado indígena ao redor de uma fogueira, óleo de Crespo Castelú, Bolívia (20/6/1943, p. 71).

Índia de San Cristóbal, água-tinta de Frederico Guillermo Schaeffer, Guatemala (24/5/1942).

Ciment, pintura de Marion Scots, Canadá (26/11/1944).

Locomotiva, óleo de Torres-García, Uruguai (24/11/1946, p. 168).

Desenho do pintor mexicano
Diego Rivera, para ilustrar a versão espanhola
do livro *Panorama mexicano*, de Carleton Beals,
publicado pela editora Zig Zag (30/1/1944, p. 9).

Pintores modernos argentinos
(27/10/1946, p. 153).

A ordenha, desenho de Julia Codesino,
Peru (19/4/1942, p. 79).

Quarteto de vodu, xilogravura de Petion Savain, Haiti (27/9/1942, p. 170).

Jazz, desenho de Aaron Douglas, Estados Unidos (30/4/1944, p. 51).

Arte uruguaia – Carnaval, madeira de Hector Ragui, Uruguai (30/8/1942, p. 145).

Arte uruguaia – Estiva, madeira de Guillermo Rodríguez, Uruguai (30/8/1942, p. 145).

Paisagem de Panchimalco, xilogravura de J. M. Vides, El Salvador (28/3/1943, p. 34).

Nem aqui te esquecerei, xilogravura de Posadas, México (15/6/1947, p. 86).

Lembrança do Paraguai, xilogravura de Leandro Castellanos Balparda, Uruguai (29/11/1942).

Rui Ribeiro Couto, em foto autografada para Alfonso Reyes, novembro de 1941 (coleção Alicia Reyes).

Geografia e História". Em novembro, seu nome sairia pela última vez no expediente de "Pensamento da América". Acabara a Guerra. Acabara o governo Vargas. Acabara a necessidade premente de uma união continental. Até agora, "Pensamento da América" justificava-se por uma questão política, de interesse de Estado. Tudo levava a crer que seria o fim do suplemento.

Mas não. "Pensamento da América" tomou fôlego e prosseguiu por mais dois anos o seu caminho. Na sua despedida do jornal, Renato Almeida não publicara a notícia da renúncia de Vargas. A razão não foi o prazo apertado (o suplemento saiu quase um mês depois), mas um outro acontecimento que marcou o mês de novembro no mundo das letras americanas e retomou a primazia das artes sobre a política, propósito primeiro do suplemento: Gabriela Mistral ganhara o Prêmio Nobel de Literatura.

Gabriela Mistral fora a maior colaboradora internacional do suplemento. Em 1940, mudou-se para o Rio de Janeiro, como consulesa do Chile. Ela já havia estado no Brasil no fim dos anos 1930, quando Cecília Meireles escreveu a Mário de Andrade pedindo-lhe que a apresentasse em São Paulo.[69] Mais tarde, já como consulesa, fixou residência em Niterói e, em seguida, em Petrópolis. Em nota publicada em maio de 1942, o jornal louvava o papel de colaboradora da poetisa chilena, revelando um pouco da dinâmica das relações, na época:

> Permita-nos Gabriela Mistral que aqui agradeçamos, de público, o precioso estímulo e a preciosa ajuda com que tem contribuído para este suplemento. À sua porta se pode sempre bater, à procura de um livro, de uma revista, de uma informação bibliográfica, de um conselho.[70]

A nota chama ainda atenção para o desinteresse pessoal da poetisa, que fazia questão de colaborar não com seus próprios escritos, mas como divulgadora da cultura chilena e admiradora da cultura brasileira.[71] Além de ter sido objeto de estudo de pelo menos cinco críticos literários durante o suplemento, foi pelas mãos de Mistral que o público brasileiro entrou em contato, por exemplo, com o escultor chileno Totila Albert, que aparece pelo menos quatro vezes — com fotos de suas esculturas e uma foto sua no seu ateliê — e é descrito, em pequena nota de apresentação assinada pela própria poetisa, como uma das figuras mais representativas da arte chilena "(...) que inova a arte de seu país chocando, é certo, as correntes passadistas, mas alargando os horizontes para os jovens e desdobrando as possibilidades criadoras".[72]

É a Mistral também que devemos a única tradução de Enrique Molina, poeta vanguardista chileno, influenciado pelo surrealismo. O caráter do suplemento privilegiava os escritos regionalistas, em sintonia com a mensagem *territorialista* adequada à conjuntura de então. O chão importava mais que o ar. E as correntes vanguardistas e pós-vanguardistas vieram romper com isso, desintegrando a paisagem, o tempo e o homem. Com exceção de Pablo Neruda e Eduardo Mallea, que aparecem mais de meia dúzia de vezes cada um, os demais vanguardistas são pulverizados em escassas traduções, que se repetem vez ou outra, sem nenhum destaque maior.

Dante Milano, "poeta arredio" segundo Bandeira, que o considerava "um dos cinco principais poetas do modernismo brasileiro", foi o primeiro a traduzir Neruda e o único a traduzir Vicente Huidobro e Pedro Prado. Traduziu ainda

Alfonso Reyes, Bustamante y Ballivián, Jules Supervielle, Ricardo Güiraldes e também Julio Barrenechea, escritor chileno merecedor de um artigo de Mistral louvando sua obra. Outros vanguardistas tiveram tradutores fixos: Bandeira foi fiel a Borges, José César Borba a Ciro Alegría. Nicolás Guillén foi traduzido por Acácio França e Ribeiro Couto, e Mariano Brull só por Couto. Os nomes eram exíguos e deixou de fora muita gente. E se ainda pensarmos na pós-vanguarda, que nessa época já havia publicado seus primeiros livros — onde Bella Jozef inclui Ernesto Sábato, Alejo Carpentier, Lezama Lima, entre outros —, não encontraremos ninguém. Surpreendentemente, os dois pós-vanguardistas que aparecem no suplemento são o panamenho Homero Icaza Sánchez, "El Brujo", em dois artigos elogiosos (um de Ledo Ivo e outro de Otto Maria Carpeaux), e o boliviano Augusto Céspedes, justificado por ser um dos representantes da chamada "geração do Chaco" boliviana, que mantém viva a tradição dos romances indigenistas. A Octavio Paz só se encontra uma menção, num artigo sobre a poesia mexicana contemporânea.

O volume de regionalistas ao lado de tão poucos vanguardistas faz entrever a ideologia de um projeto maior que sustentava e justificava a existência de "Pensamento da América". No entanto, algumas inserções precisas, trazidas por mãos tão nobres, evidenciam que, por trás da *vontade política*, havia uma rede de *vontades pessoais*. E que foram essas duas *vontades* que teceram a teia americana, à qual o público brasileiro foi apresentado.

FIOS SOLTOS

A saída de Renato Almeida da direção de "Pensamento da América" coincidiu com outra mudança na direção geral de *A Manhã*. Heitor Moniz, que assumira em julho de 1945, substituindo Cassiano Ricardo, só permanecera cinco meses no cargo, passando-o em seguida para J. Ayres de Camargo, "jornalista de largo tirocínio e de invulgares qualidades" e que fora indicado para o cargo pela Superintendência das Empresas Incorporadas ao Patrimônio da União, com o propósito de dar ao jornal "feição mais eficiente como órgão de informação, à altura do momento nacional que atravessamos".[73] No dia 30 de novembro, Ayres de Camargo assume seu posto; cinco dias antes, o nome de Renato Almeida aparece pela última vez no expediente de "Pensamento da América".

Em dezembro, nenhum nome o substitui. O cabeçalho do jornal, que desde o tempo de Ribeiro Couto trazia o nome do responsável, agora traz somente a curta explicação "Suplemento pan-americano de *A Manhã*". Se quando Renato Almeida assumiu, em março de 1943, se preocupou em dedicar um editorial ao seu antecessor, elogiando-o, apresentando-se e indicando a linha que o jornal passaria a seguir, dessa vez não houve nenhum tipo de menção nem de despedida ao folclorista que se mantivera à frente do projeto por quase três anos, nem nenhuma espécie de indicação sobre quem estaria assumindo a organização da empreitada. Em *A Manhã* de 7 de dezembro há uma pequena nota ilustrada com um retrato em bico de pena, com o título "Renato Almeida". Tratava-se de um cumprimento pelo aniversário do "nosso antigo companheiro de redação". Ou seja, Renato já não trabalhava em *A Manhã*. A nota diz ainda que "o admirável ensaísta da *História da música brasileira* possui um grande círculo de relações de amizade e foi muito cumprimentado". Tal afirmativa só confirma o que já se sabia: Renato Almeida era um mestre na arte de tecer teias.

A edição de dezembro, embora sem paternidade comprovada, traz algumas novidades: a primeira delas é o artigo da primeira página do boliviano Luiz Terán Gomez intitulado "A democracia na América Latina". Trata-se de uma defesa da pluralidade partidária, onde o autor defende que "apesar de todas as objeções que se possam fazer sobre suas idéias, é inegável que [os partidos políticos] apresentam grande interesse como resultado de pesquisa e meditação" e diz que a pluralidade é um instrumento vital da coletividade. Depois de 15 anos sob o mesmo governante, e quase oito de ditadura, essas palavras, publicadas apenas dois meses após a renúncia de Vargas, adquirem um sentido especial para o povo brasileiro. O governo Dutra estava começando com ares de democracia. Aliás, quando *A Manhã* publicou uma espécie de enquete sobre como vários países do mundo haviam noticiado a questão da renúncia de Vargas, muitos países latino-americanos se mostravam contentes com os "ventos renovadores" que corriam pelo mundo.

Um outro ponto interessante é que esse artigo do boliviano foi traduzido por Acácio França. Ensaísta e crítico baiano, França foi o mais regular e constante dos colaboradores de "Pensamento da América". Seu nome aparece mais de quarenta vezes no suplemento, a grande maioria como tradutor. As outras, como autor de um texto sobre Sarmiento e como vencedor de um prêmio outorgado pelo Ateneo Popular de la Boca, Argentina, pelos seus livros *A pintura na Bahia* e *Em louvor das Américas*. Quando escreveu este último, em 1944, já era tradutor do "Pensamento da América" havia pelo menos dois anos e meio. Sua estréia foi em outubro de 1941, ainda na folha semanal. E não parou mais, até o último número, em fevereiro de 1948. Nunca passou mais de um trimestre sem colaborar em traduções de mais de trinta escritores, como o uruguaio Rodó, os cubanos José Martí e Nicolás Guillén, o nicaragüense Rubén Darío, o mexicano José Vasconcelos, o colombiano José Asunción Silva e muitos outros menos conhecidos. Se grande parte das traduções de Bandeira, por exemplo, foram de autores de grande visibilidade (como Neruda, Borges ou Hugues), as de Acácio França eram, digamos, mais discretas, embora volumosas. E, mais do que poemas, traduziu prosa e artigos de crítica ou de história, o que leva a crer que mais do que colaborador esporádico (*free-lancer*), França era funcionário fixo do jornal, contratado para o ofício de tradutor.

A segunda novidade também é relacionada ao panorama internacional do pós-guerra: uma menção à ONU, criada em junho de 1945, como conseqüência direta da vitória dos Aliados, e a seu desdobramento cultural, a Organização Educacional e Cultural das Nações Unidas (Unesco), que acabara de ser fundada, em novembro de 1945. A nota publicada intitula-se "Intercâmbio cultural como objetivo das Nações Unidas", e nela o doutor Grayson Kefauver, consultor para o Departamento de Estado dos Estados Unidos, afirma que o principal objetivo da nova organização será o de "estabelecer a maquinária para o intercâmbio internacional de idéias e conhecimento".[74] O objetivo inicial da organização[75] era promover uma "solidariedade intelectual e moral da humanidade" para impedir a eclosão de uma nova guerra mundial. Símbolos de novos tempos, a Unesco vem substituir organizações nos moldes do Office of the Coordinator of Inter

America Affairs (Ociaa), redefinindo os termos da cooperação intelectual internacional.

A terceira novidade foi o aparecimento, pela primeira vez, de uma coluna intitulada "Cinema". Inexplicadamente, "Pensamento da América" nunca havia enfocado temas cinematográficos, apesar do texto de Raul Bopp (reproduzido no capítulo anterior), onde vemos que, já em 1942, o cinema era uma realidade provocativa e transformadora da sociedade. É verdade que a produção cinematográfica na maioria dos países latino-americanos era pífia, se não nula. Mas não devemos nos esquecer do México, que, desde os anos 1930, vinha com uma produção significativa, tendo realizado, somente no ano de 1933, vinte e um longas-metragens.[76]

A coluna em questão foi assinada por Aaron Copland, compositor estadunidense que estivera diversas vezes no Brasil. Ao lado de uma foto sua, discorria sobre a música nos filmes de Hollywood.

A ausência do cinema nas páginas de "Pensamento da América" é de estranhar ainda mais se pensarmos que, nos anos 1930, o México desenvolveu um gênero próprio, as chamadas *comedias rancheras*. Misturando o caráter cômico, herdado das paródias e da *zarzuela* espanhola, com temáticas genuinamente mexicanas, a *comedia ranchera "esgrime las armas de la artesanía y el folklore"*. Jorge Ayala Blanco nos descreve este gênero como

> *un mundo habitado destacadamente por jarritos de barro, jícaras policromas, repertorios de trajes típicos, vestimentas de mojiganga, sombreros descomunales, sarapes, cintas decorativas en las trenzas, ritmos regionale, sones de mariachi, aguardientes orgullosamente mexicanos y coplas emanadas*

del ingenio popular. E agrega: *"Todo lo ajeno es atentatorio a la supremacia nacional."*[77]

O principal representante do gênero foi *Allá en el Rancho Grande*, filmado em 1935 por Fernando de Fuentes. O êxito foi tanto que, em 1937, o México iria produzir "mais de vinte *Ranchos Grandes*", segundo o crítico García Riera.[78] O forte regionalismo gerou filmes sobre estados e regiões mexicanas, colocando em cena todos os aspectos "típicos" anteriormente descritos. O resultado eram "verdadeiros gritos de entusiasmo admirativo" que poderiam se adequar muito bem aos ideais de "Pensamento da América". Ayala nota ainda que, embora Fernado de Fuentes e Miguel Zacarías, os dois principais diretores das *rancheras,* definissem os seus filmes como *"una reacción a las comedias exoticas hollywoodenses"* com suas *"señoritas guapas, mexicanos bigotones y típicos sombreros de borlitas"*, suas produções guardavam um certo *"mimetismo"* com as fitas de Hollywood, especialmente as *"estrechadoras de lazos de amistad intercontinentales"*.

A coluna "Cinema", assim como todas as demais, foi irregular. Em janeiro de 1947, apareceu novamente, assinada por um certo Jonald, que realizou uma interessante análise do panorama cinematográfico da época, do ponto de vista da distribuição e da exibição: "Nesse ano que passou [1946], 280 filmes americanos de longa-metragem foram estreados no Rio." Desse total, diz ele, apenas 10% eram "apreciáveis". E desses 10%, apenas 5% pela "classe elevada". Dos que ele considera como "cinema elevado", alguns lograram "maior número de 'hits' de bilheteria". Entre os títulos citados nessa categoria, encontra-se o mexicano *María Candelária*, melodrama de 1943, estrelado por Dolores del Río e Pedro

Armendáriz. Ora, essa pequena pista revela que os filmes mexicanos chegavam ao mercado brasileiro nos anos 1940. Isso torna ainda mais estranho a quase ausência da sétima arte nas páginas do suplemento.

Uma pequena menção ao cinema mexicano fora feita, ainda tendo à frente Renato Almeida, numa das colunas, "Compositores Americanos". Ao ter sua vida biografada, o mexicano Silvestre Revueltas aparece como o compositor da trilha de *Redes*, importante filme de Benito Alazraki estreado em 1936. *Redes*, ao contrário das *rancheras*, possuía forte conteúdo político de luta social, sendo o primeiro filme a ter recebido apoio estatal. Em 1936, o México estava sob o governo nacionalista e pós-revolucionário de Lázaro Cárdenas.[79]

Essa contradição entre o nacionalismo revolucionário mexicano e o nacionalismo conservador brasileiro foi uma questão também nas artes plásticas. Em artigo de abril de 1946, o novo colaborador Almeida Fischer discursa sobre as artes gráficas americanas, afirmando que já podíamos competir com o Velho Mundo. Para comprovar, cita como exemplo os muralistas mexicanos Diego Rivera e José Clemente Orozco. Desde 1942, Rivera aparecia no suplemento. Em outubro desse ano, o brasileiro Renato de Mendonça, então servindo na embaixada do Brasil no México, enviou à redação de "Pensamento da América" um artigo intitulado "Diego Rivera e a pintura mexicana". Na apresentação escrita pela redação, queixa-se que "se conhece, entre nós, algumas obras, infelizmente só pela reprodução em revistas". Ora, isso não é lá tão absurdo tratando-se de um muralista, mas as quatro reproduções que ornam a página são de quadros que poderiam, sem dúvida, circular em exposições pelo continente. Trata-se de *Los Alcatrazes*, recém-pintado em 1942 e que traz a legenda: "O preço que alcançam quadros deste gênero nos Estados Unidos anda por 1500 a 2000 dólares (30 a 40 mil cruzeiros)."[80] Além deste, estão os quadros *Retrato a óleo de Guadalupe Marín* (primeira esposa de Rivera) e *La hacienda*, seu primeiro quadro, de 1904. Ao lado, vem o quadro *Motivos mexicanos*, de 1941, também com uma reveladora legenda: "A energia dos motivos florais sugere a energia e a abundância da terra mexicana, envolvendo uma doce figura de mulher do povo." A atualidade das pinturas, incluindo sua cotação no mercado norte-americano, nos revela a agilidade do suplemento. E a escolha de quadros, muitos da fase nativista do pintor, revela *qual* Rivera interessava divulgar. A "mulher do povo" e os costumes indígenas entram em sintonia com os propósitos do jornal. A questão política, fato marcante da obra do mexicano, sobretudo nos anos 1930, fica eclipsada. O texto discorre sobre aspectos mundanos de sua vida: seu método de trabalho no ateliê, suas muitas mulheres, Frida...

Frida Kahlo é citada como uma "mulher interessante e bastante jovem ainda, terá pouco mais de 30 anos". O autor parece não gostar muito de seu estilo, pois indaga: "Que segredos Frida terá para reter a Diego (...)? Não o saberíamos dizer. (...) O certo é que ouvimos numerosas vezes Diego referir-se à pintura e sobretudo aos retratos de Frida com o maior entusiasmo, com uma prova de efetivo aplauso." Nenhum quadro de Frida é publicado no suplemento e não encontrei nenhuma outra menção além desta, apesar do "colorido tão vivo (...) e um caráter tão penetrante que emerge dos trajes de *tehuana* usados habitualmente pela artista".[81]

A obra de Rivera encanta os *pan-americanistas*, que o têm no mais alto conceito, tratando-se da plástica continental. No entanto, seus célebres murais, embora sempre mencionados (sobretudo em paralelo a Portinari, como veremos), só serão reproduzidos em junho de 1946, na fase de menor politização do suplemento. O jornal não faz nenhuma menção ao incidente de 1933, quando, contratado pelo próprio Rockefeller para pintar um mural na Fundação Rockefeller de Nova York, Rivera terminou por destruir o trabalho feito, diante da exigência do mecenas de que retirasse o rosto de Lenin que aparecia no mural. A opção do pintor pelo socialismo o esquiva do pan-americanismo proposto pelos Estados Unidos. Mesmo reproduzindo seus quadros nativistas (como *Los Alcatrazes*), ou ainda os do seu início *costumbrista*, não deixa de ser curioso que Rivera tenha sido elevado a símbolo da pintura americana, a ponto de Renato Mendonça declarar que sua obra "lembra uma cena do Renascimento italiano. E de fato, é o Renascimento da Pintura nas terras da América".

O primeiro mural de Rivera foi *A Criação,* de 1921, pintado sob auspício do Ministério da Educação do então revolucionário governo de Obregón. O ministro na ocasião era José Vasconcelos, importante intelectual mexicano que estivera no Brasil em 1922 para as comemorações da independência. Chefiando uma missão encarregada de passar uma imagem positiva do México pós-revolucionário, Vasconcelos foi recebido por Ronald de Carvalho e presenteou a cidade do Rio de Janeiro com a estátua de Cuautémoc, que se encontra atualmente na Praia do Flamengo. Foi um primeiro contato com as letras mexicanas, que seria consolidado na década seguinte com a vinda de Alfonso Reyes. As idéias de Vasconcelos iriam influenciar o grupo Verde-Amarelo, do qual, já vimos, fazia parte Cassiano Ricardo. No manifesto *Nhengaçu Verde-amarelo,* de 1929, o grupo cita Vasconcelos e sua teoria da "raça cósmica". "Pensamento da América" iria publicar pelo menos dois textos do escritor mexicano, um deles parabenizando Gabriela Mistral pelo Prêmio Nobel e comparando-a com a poetisa uruguaia Juana de Ibarbourou, com quem possui "exímio parentesco continental".[82]

Algumas vezes, aparece citado, ao lado de Rivera, como outro "grande" da pintura mexicana, seu colega José Clemente Orozco. Sua litografia *Cabeza de mujer* é publicada com destaque, na primeira página de novembro de 1947. Sorte melhor que a do seu colega Alfaro Siqueiros, que parece ter sido banido pela sua posição radical de horror ao pitoresco. Em um texto publicado na revista *Vida Americana*, de Barcelona, em 1921, Siqueiros já bradava contra as "lamentáveis reconstruções arqueológicas ('indianismo', 'primitivismo', 'americanismo') que, apesar de muito em moda entre nós, estão levando-nos a *estilizações* de vida efêmera". E faz um apelo aos artistas americanos: "Renunciemos às teorias que se fundamentam na relatividade de uma *arte nacional. Universalizemo-nos!*"[83]

A única aparição de Siqueiros em "Pensamento da América" é no ano de 1946, quando as diretrizes culturais do suplemento já não pareciam estar tão firmes. O seu quadro *Mãe e filho* (que aparece no livro de Ades como *Mãe camponesa*), de 1929, é publicado na primeira página, acompanhado de um artigo de Jorge de Lima sobre "Literatura norte-americana". Essa, aliás, era uma característica de "Pensamento da América": publicar as reproduções de obras de artes plásticas (pinturas, gravuras ou esculturas) em forma de "boxes" soltos, sem qualquer relação com o conteúdo escrito à sua volta ou mesmo, muitas vezes, sem apresentações didáticas, como era de praxe na literatura. Talvez por nunca ter tido à sua frente um grande especialista nas plásticas do continente, como acontecera com a música ou a literatura, "Pensamento da América" deixou-a, em certo sentido, num segundo plano. Vale lembrar que, mesmo sendo Bandeira crítico de arte do jornal *A Manhã*, sua gestão foi praticamente nula em termos de artes plásticas. Essa ausência contrasta com o tamanho esmero em contentar outros campos artísticos e pode-se sentir basicamente em certos "lapsos" na escolha das reproduções. Se, por um lado, há aparições inusitadas dentro da proposta do suplemento, por outro, há ausências imperdoáveis, como a do pintor peruano José Sabogal, mestre da pintura indianista nos anos 1920 e 1930. Ades propõe que ele está para a plástica do Peru assim como Ciro Alegría está para a literatura. E Ciro Alegría, como já vimos, é presença constante na opção literária. Se Sabogal não aparece, encontramos desenhos de uma discípula sua na Escola de Belas-Artes de Lima, na época em que foi diretor da instituição, desenvolvendo a escola de pintura indianista do Peru. Julia Codesino publica alguns desenhos de traços simples e motivos indígenas, que fazem lembrar os desenhos de Rivera, publicados em janeiro de 1944, feitos para ilustrar um livro de Carleton Beals.

Presença inusitada é a do pintor argentino Emilio Pettoruti, amigo pessoal de Filippo Marinetti e Giorgio De Chirico e opositor convicto *"tanto al naturalismo com rasgos impresionistas como al regionalismo pintoresquista"*.[84] Colaborador da revista de vanguarda indigenista revolucionária *Amauta*, publicada no Peru por José Carlos Mariátegui (que, aliás, nunca é mencionado), Pettoruti tem dois quadros publicados, ambos nitidamente cubistas: *Sol de invierno*, em outubro de 1946, e *Naturaleza muerta*, em agosto de 1943, ainda com Renato Almeida à frente do suplemento, apesar de este não gostar de naturezas-mortas.[85]

Muitos artistas menos conhecidos têm quadros ou gravuras reproduzidos ao longo das páginas do jornal. Infelizmente, não os acompanham informações relevantes sobre o artista, a que período ou escola pertence. Creio que quase todos são contemporâneos e deviam chegar às mãos da redação ilustrando as muitas revistas recebidas. Todos têm em comum, como era de esperar, a representação de aspectos pitorescos do cotidiano de seus países e, se postos lado a lado, formam um mosaico de formas continentais extremamente modernas, embora não-vanguardistas. Por serem pouco conhecidos, é interessante privilegiá-los entre as reproduções aqui apresentadas. Numa pequena amostra, podemos ver: *Índia de San Cristóbal* (água tinta do guatemalteco Frederico Guillermo Schaeffer); *Quarteto de Vodú* (gravura haitiana, de Pétion Savain); *Paisaje de Panchimalco* (gravura salvadorenha de José Mejía Vidés,[86] também pintor do quadro *Retrato de una ponche*); *Carnaval* e *estiva* (gravuras uruguaias de, respectivamente, Hector Ragni e Guillermo Rodríguez); *Bailado indígena ao redor de uma fogueira* (pintura do boliviano Crespo Casrespo Castelú); *Mujer con niño* (pintura do colombiano Gonzalo Ariza); *Lembrança do Paraguai* (xilogravura uruguaia de Leandro Castellanos Balparda); *Jazz* (desenho de Aaron Douglas), entre vários outros.

Se a maioria desses artistas teve suas obras publicadas sob Ribeiro Couto; e, em menor escala, sob Renato Almeida, é curioso notar que foi justo no final da vida, já nos anos 1946 e 1947, que "Pensamento da América" traz à tona grandes pintores e gravuristas até então eclipsados. José Guadalupe Posadas e Joaquín Torres-García foram alguns deles. Posadas, com suas gravuras de *calaveras* satíricas, retratou de modo inigualável a vida cotidiana e popular do México da virada do século. Em junho de 1947, o gravurista brasileiro

Oswaldo Goeldi dedica-lhe um artigo de duas páginas, contendo oito reproduções de suas litogravuras.

O pintor uruguaio Torres-García aparece em novembro de 1946, num artigo de Napoleão Agustín López "especial para 'Pensamento da América'" intitulado "Contato com a pintura construtiva de Torres García". Fruto de uma visita do autor a uma exposição em Montevidéu sobre os 70 anos do pintor, o artigo define Torres-García como um "espadachim do pincel" que "foi construindo sua pintura com a mesma magia com que os moluscos se agarram aos cascos dos velhos barcos, que, quando aparecem aos olhos do mundo, assombram por ser todo-um-mundo".[87] Além de trazer uma reprodução do recém-pintado *Locomotiva* e uma foto do pintor em seu ateliê em Montevidéu, López cita trechos do *Manifiesto 5* de Torres-García, onde este critica veementemente a arte como imitação da realidade: "*Van, pues, muy equivocados (...) los que creen que a la base de la obra está el tema. Porque el artista está en el plan de la forma y no en el de la realidad.*"[88] Ora, tal publicação é um indício claro de que os tempos mudaram e "Pensamento da América" também.

Ribeiro Couto, em contrapartida, quando estivera à frente do suplemento, parecia mostrar predileção pela obra de Cesáreo Bernaldo Quirós, pintor gauchesco argentino. Falando sobre Leopoldo Lugones, o historiador da arte Miguel Ángel Muñoz diz: "*Ese mismo lugar, ajeno a las vanguardias, ocupan (...) las escenas gauchescas de Quirós.*"[89] Esse era o nicho preferido dos "pensadores da América": a modernidade alheia à vanguarda.

Neste mesmo nicho se encaixa também aquele que foi a "menina dos olhos" do suplemento: o uruguaio Pedro Figari. Buscando cenas rurais e ambientes populares, é definido como "*el gran patriota de la pintura; pinta negritos de la épo-*

*ca de la tiranía, damas pingorotudas com miriñaque y todo, mazorqueros que pasan al son de 'las doce y sereno', perros com moñitos y mulatos candomberos".*⁹⁰ Rotulado por Muñoz como "*crillolismo de vanguarda*", a obra de Figari iria encontrar certa resistência na Buenos Aires dos anos 1920. Colaborador da revista de vanguarda *Martín Fierro*, nem seus próprios colegas *martinfierristas* aprovavam seu estilo. O crítico Atalaya o acusa de *"falso americanismo candombero"*, em referência ao *candombe*, ritmo musical uruguaio, opondo-o à renovação artística de Pettoruti, esta sim festejada pelas vanguardas. Se Leopoldo Lugones era o equivalente de Quirós, o "par" literário de Figari era Güiraldes, que chega a defender o pintor em nota publicada em *Martín Fierro*.

O perfil de Figari encaixa como uma luva nas pretensões de "Pensamento", muito afeito a este *"americanismo candombero"*. Não é por acaso que é ele quem aparece em posição de destaque logo na primeira página de agosto de 1941, quando ainda era folha semanal. O artigo de Georges Pillement, acompanhado por duas reproduções (*A boda* e *O cortejo*), seria republicado uma e outra vez ao longo dos anos. A apresentação do artigo é interessante: "Com o mexicano Diego Rivera, o pintor uruguaio foi um dos reveladores da alma do continente." Conta-se, em seguida, que Gilberto Freyre citara os dois latino-americanos em artigo seu de 1925, publicado no *Livro do Nordeste* (edição comemorativa dos 100 anos do *Diário de Pernambuco*), para dizer que o Brasil ainda não possuía nenhum pintor como eles, "com um trabalho igual de interpretação nacional ou regional da vida e da gente brasileira". Sem levar em conta, em nenhum momento, a obra antropofágica de Tarsila do Amaral, a redação do suplemento não hesita em completar:

Queremos acentuar que, depois da publicação do *Livro do Nordeste*, o Brasil viu formar-se e expandir-se a personalidade do brasileiro Cândido Portinari, cuja obra extraordinária, conduzida pelo mesmo critério de interpretação do povo e da terra, se enfileira hoje, no cenário americano, ao lado da de Diego Rivera e Pedro Figari.[91]

Também no já citado artigo sobre Rivera, de Renato de Mendonça, a apresentação da redação proclama: "Diego Rivera muito lembra a personalidade do nosso não menos grande artista, embora mais jovem, Cândido Portinari, cuja obra, em curtos anos de vida, já se pode classificar de gigantesca."[92] E ainda naquele número especial sobre índios, de novembro de 1942, encontramos na primeira página desenhos de rostos indígenas e a legenda: "Nestas cabeças de índios brasileiros, pintadas por Cândido Portinari, reflete-se a energia, a força e a nobreza das raças americanas, em cujos traços parece haver uma síntese de todas as raças do universo."[93]

A reverência a Portinari é reforçada ainda pelo seu papel como representante oficial da *brasilidade americanista*. Foi ele o escolhido para levar a nossa visão *continentalista do nacional*, cravando em Washington, na seção Hispânica da Biblioteca do Congresso, quatro grandes painéis murais pintados, representando quatro instantes da "criação da América". Em dezembro de 1942, um ano depois de pronto, "Pensamento da América" publica em primeira mão ("pela primeira vez divulgada no Brasil") uma reprodução de um dos painéis. Claro que não se eximiram de opinar: "Ainda que se trate de painéis que tinham de exprimir a aventura continental comum a todos os nossos povos, e por isso fugir a uma demasiada caracterização nacional, sente-se nos pioneiros de Cândido Portinari a inspiração brasileira, o motivo bandeirante(...)".[94]

Essa era a linha adotada por "Pensamento da América": celebrar aqueles que conciliavam o *ser nacional* (nacionalistas/nativistas/indigenistas/regionalistas...) com *todo o continente*, como uma espécie de camaleão cultural que é ao mesmo tempo *isto* e *aquilo*, enquanto o outro é *outro isto*, mas o mesmo *aquilo*. Não há de ser internacionalista como bradava Siqueiros, ou mesmo Rivera nos seus tempos mais radicais. Há que ser regional, sim. Mas sem deixar de compor o grande tabuleiro das nações americanas.

* * *

Infelizmente, os três primeiros números de "Pensamento da América" do ano de 1946 não foram localizados. A coleção da Biblioteca da Casa de Rui Barbosa, pertencente a Plínio Doyle, é a coleção mais completa de que se dispõe no Rio de Janeiro, faltando somente as folhas semanais de 1941, o mês de julho de 1945 (que corresponde à saída de Cassiano Ricardo da direção de *A Manhã*) e o primeiro trimestre de 1946. Não foi possível descobrir se é uma falha da coleção ou se o jornal ficou momentaneamente suspenso. A edição de abril de 1946 vem como "número 3", quando deveria ser "número 4". Além disso, era de praxe a edição de janeiro trazer o índice remissivo do ano precedente, o que nos dava uma visão conjunta da dimensão do trabalho. Janeiro de 1947 não trouxe o índice de 1946 e nem janeiro de 1948, o de 1947. Não pudemos, portanto, recolher referências às edições de 1946. Esse detalhe não deixa de ser um indício de mudança nos propósitos do jornal (a função do índice era estimular a "encadernação", realizando espécies de antologias de temas americanos, a serem guardadas "nas estantes"). Em 1948, os dois últimos números não possuíam sequer numeração corrida, como vinha acontecendo desde 1942.

Há um dado que pode ser a chave para se entender o percurso do suplemento no seu último biênio. Em fevereiro, deu-se mais uma mudança no jornal *A Manhã*: foi substituído o suplemento literário "Autores e Livros" por outro também literário, chamado "Letras e Artes". Não convém analisar aqui as possíveis razões dessa mudança. O dado que chama a atenção é que no suposto primeiro número de "Letras e Artes" (3 de fevereiro de 1946, segundo a coleção microfilmada da Biblioteca Nacional), não consta nenhuma espécie de editorial, apresentação, boas-vindas ou qualquer outro tipo de auto-referência que, como vimos, fora constante no início dos anos 1940. O cabeçalho traz já o nome de Jorge Lacerda, que seria diretor desse suplemento durante longo período, ou pelo menos até a extinção de "Pensamento da América", em fevereiro de 1948. Segundo a *Revista da Academia de Letras* de 1958, era notável o "cuidado com que ele fazia o suplemento dominical do jornal [*A Manhã*], em que os melhores nomes da literatura moderna colaboravam. Jorge Lacerda organizava este suplemento com o maior cuidado, procurando ilustrações adequadas, para que aquelas páginas saíssem com brilhantismo invulgar". A declaração é do amigo Gustavo Barroso, por ocasião do seu falecimento num acidente de avião, quando ocupava o posto de governador do estado de Santa Catarina. O esmero ao cuidar do "Letras e Artes" talvez lhe tenha valido a proposta de "espichar" um pouco o seu trabalho, dividindo-se entre o suplemento literário e o pan-americano.

Uma hipótese é que, a partir de maio de 1946, "Pensamento da América" ficou também nas mãos de Jorge Lacerda.

Nas edições derradeiras seu nome figura como destinatário das remessas de publicações, sendo que em janeiro aparece uma nota dizendo que "a correspondência deve ser endereçada a Jorge Lacerda, *orientador* do 'Pensamento da América'"[95] Em fevereiro, o que aparece é: "correspondência e publicações literárias devem ser endereçadas a Jorge Lacerda, na rua Viveiros de Castro, 119, apto. 604".[96] Ora, a sua definição como *orientador* do suplemento deveria ser suficiente para concluir que foi ele quem herdou o posto de Renato Almeida. Mas desde quando? A ausência de editoriais assinados, assim como de expediente (o expediente do "Letras e Artes" era completo, trazendo inclusive o nome de todos os colaboradores daquela edição), deixa muitas dúvidas.

Na época de Ribeiro Couto, que coincidiu com o tempo áureo de "Autores e Livros", coordenado por Múcio Leão, há menção de colaboração entre ambos intelectuais. Na edição de julho de 1942, consta um agradecimento a Múcio Leão por ter encaminhado um artigo de temática pan-americanista a esse suplemento. Guardava-se, no entanto, certa cerimônia e identidade próprias. No entanto, durante esse último período, algumas vezes ocorreu certa confusão entre os dois suplementos: em setembro de 1946, anuncia-se nas páginas pan-americanas o Grande Concurso de Contos de "Letras e Artes", apresentando-se as bases e a comissão julgadora, composta por Manuel Bandeira, Brito Broca e Marques Rebelo, entre outros. Brito Broca começara sua colaboração em "Pensamento da América" em agosto de 1946 e mantivera-se fiel tradutor até meados de 1947; e Marques Rebelo cedera para publicação uma reprodução de um quadro de sua coleção, o já citado *Sol de invierno*, do argentino Pettoruti. Um ano depois, em outubro de 1947, uma notícia intitulada

"Páginas de um álbum", com poemas de Xavier da Silveira Jr., traz a explicação de que se trata de uma continuação do álbum de 1904-1905 "a que nos referimos no último suplemento "Letras e Artes". Esse enlace entre os dois pode ser um indício de que partiam de uma mesma fonte, ainda mais se considerarmos que o time de colaboradores era muito semelhante. Além dos grandes expoentes da literatura brasileira da época (Bandeira, Cecília Meireles, Vinicius de Moraes, e até mesmo Ribeiro Couto e Cassiano Ricardo), outros estavam iniciando sua carreira em *A Manhã*, colaborando para ambos os suplementos, como o já citado Brito Broca, o escritor Almeida Fischer, o poeta Murilo Mendes e sua esposa Maria da Saudade Cortesão, Cristiano Soares, Domingos Carvalho da Silva, Ascendino Leite, entre outros.

Outra coincidência são as colunas que começam a aparecer no fim de 1946 e atravessam o ano de 1947. Intituladas "Curiosidades literárias", ou "Notícias literárias", ou "No mundo das letras", ou A comédia das letras, ou Grandes romances, tinham sempre o mesmo perfil: notas breves invocando fatos pitorescos das letras... universais! Nada de América. Esses quadros contemplavam a literatura européia ou brasileira, podendo, vez ou outra, fazer alguma menção a algum país do continente, mas este estava longe de ser o seu foco. Essas colunas, na verdade, contemplavam o objetivo do suplemento "Letras e Artes".

Embora com todos esses indícios, seria leviano deduzir a data exata da entrada de Jorge Lacerda à frente do suplemento pan-americano. O que sabemos é que após a saída de Renato Almeida (e de Getúlio Vargas) grandes mudanças atingiram a linha editorial do suplemento. Seja como for, sabemos também que Jorge Lacerda, jornalista e participante ativo da Intentona Integralista de 1938, sendo um importante líder desse movimento no sul do país,[97] esteve presente na hora da extinção do "Pensamento da América".

* * *

Letras e Artes tinha por hábito publicar uma coluna assinada por Djalma Viana intitulada "Revisão Literária: suplementos do último domingo", onde o autor fazia um interessante resumo de todos os suplementos literários publicados no país. A quantidade é impressionante. Praticamente todo jornal tinha o seu, o que mostra que sua inserção na sociedade letrada da época devia ser grande. No primeiro número, de 3 de fevereiro de 1946, Viana se refere ao suplemento de *A Manhã* do domingo anterior (portanto, de fins de janeiro):

> Dedicado à América, o suplemento de *A Manhã* lembrou o velho tempo dos senhores Múcio Leão e Renato Almeida. Paginação excelente. Colaboração, se não excelente como a paginação, em todo o caso uma colaboração que vale a pena. William Saroyan traduzido por João Cabral de Melo Neto na 1ª página. *Mancha distante*, um bom poema do senhor Manoel de Barros. Artigos de Waldo Frank, Hélio Lobo, Carlos Calero Rodrigues, Luiz Alberto Sánchez, Ricardo Donoso Novoa e outros. Outro poema, *Chuva de caju*, do senhor Joaquim Cardoso. O poeta João Cabral de Melo Neto traduziu um poema de Charles Eaton. A última página dedicada a Pandiá Calógeras [?].
>
> O suplemento de *A Manhã*, como se vê, não contaria com um único defeito se o senhor Antônio Rangel Bandeira não o arruinasse com aquele artigo sobre jazz. Apesar da erudição (...) o artigo foi escrito para o "Jornal de Modinhas" e não para um suplemento como este de *A Manhã*.[98]

Ora, os *velhos tempos* a que ele se refere terminaram há menos de seis meses e já despertam certa nostalgia. Ele não se refere nominalmente ao "Pensamento da América", gerando certa confusão ao misturar o nome de Múcio Leão com o de Renato Almeida. Mas o suplemento "dedicado à América" não deixa dúvidas: "Pensamento" foi o primeiro e o único suplemento dedicado a assuntos do continente, segundo Ribeiro Couto.[99] Não se pode checar o conteúdo descrito, já que há uma lacuna do suplemento equivalente a esse período, mas pelos nomes citados pode-se sentir as mudanças. Da fase anterior, reconhecemos os nomes de Waldo Frank (figura constante no ano de 1942, que correspondeu à sua vinda ao Brasil); de Luis Alberto Sánchez (escritor peruano que publicara desde 1941 artigos sobre o modernismo nas Américas ou sobre letras peruanas); e de Charles Edward Eaton, o vice-cônsul amante das letras norte-americanas. Os demais são estreantes, a começar por João Cabral de Melo Neto, que chegaria a publicar um par de poemas na fase final do suplemento, assim como Manoel de Barros.

Cada vez menos pan-americano, o suplemento iria, no entanto, guardar na última fase uma série de menções ao mundo pré-hispânico. Pirâmides, calendários e baixos-relevos astecas, vasos maias e marajoaras invadem da primeira à última página do jornal. Desde o início, a história da América era um tema recorrente. Era comum, sobretudo na época de Renato Almeida, dedicar uma página inteira ao retrato, geralmente feito por Pacheco, de uma grande figura que tenha contribuído para a construção da América. Em geral, são heróis dos movimentos de independência dos diferentes países ou figurões do mundo diplomático. Ornando os retratos, normalmente havia frases do homenageado, onde expressava de alguma forma seu amor ao continente. Algumas dessas figuras foram Bolívar, San Martín, George Washington, Abrahan Lincoln, Thomas Jefferson, Bernardo O'Higgins, Benito Juárez, Juan Pablo Duarte, Rio Branco, Joaquim Nabuco, Domício da Gama. Na primeira edição mensal, em janeiro de 1942, uma coluna vertical com vários retratos anunciava as "grandes figuras do continente americano". Na galeria, encontravam-se os brasileiros José de Alencar, José Bonifácio, Joaquim Nabuco, Rui Barbosa e d. Pedro I, ao lado de Salvador de Mendonça, Francisco García Calderón e James Monroe.

Os artigos de historiadores e sociólogos publicados durante o governo Vargas tratavam os mais diferentes aspectos da história das nações do continente, com ênfase no período colonial e da pós-independência. Entre esses artigos podemos encontrar: "Lord Strangford e D. João VI", por Enrique Ruiz Guiñazú; "Frei Pedro da Gante e os índios", por Paul de Cenleneer; "O índio no bandeirismo", por Cassiano Ricardo; "Conventos de Lima", por José de la Riva Aguero y Osma; "Atmosfera social de Caracas no século XVIII", por Rufino Blanco-Fombona; "História colonial de Santo Domingo", não assinado; "A extinção do tráfico africano — os tratados de 1825 e 1826", por Carlos Calero Rodrigues; "Os canadenses do século XVII", por Robert Roquebrune; "Manuscritos brasílicos na Biblioteca da Ajuda", por Luis Silveira; "Uma cena do primeiro Império", por Victor Wittkoroski; "O rio do império", por Alcântara Silveira; "Carta a um provincial dos jesuítas sobre a evangelização dos índios Mainas (séc. XVII)", em tradução de Maria da Saudade Cortesão; "Segundo centenário da colonização açoriana em Santa Catarina", não assinado; "O Extremo Oriente na arte colonial americana", por Mário Buschiazzo; entre muitos outros. No entanto, no período final do jornal, esses heróis e mártires cederam espaço às sociedades pré-colombianas, contentando-se com reproduções iconográficas de peças arqueológicas: o círculo do calendário asteca, pirâmides maias, vasos marajoaras.

Essa presença meramente decorativa da história se encontra, talvez, em consonância com outra mudança estrutural do jornal. A primeira página dedicada ao escritor estadunidense William Saroyan a anuncia: a ausência de matérias política. Assim como seu projeto inicial, a partir do mês de maio, as primeiras páginas de 1946 trariam sempre temas relacionados à literatura, na sua maioria dos Estados Unidos ou do Canadá.

O número de maio viria dedicado à literatura estadunidense, com um editorial não assinado em que consta um "agradecimento profundo" ao senhor Charles Eaton: "Sem o seu auxílio — que nos autorizou a usar o material que reuniu para antologia de poetas norte-americanos que está preparando para ser editada em português — não teria sido possível a organização do presente número." Bastante tímido, o tom do editorial revela a inexperiência de quem acaba de chegar: "'Pensamento da América' pretende publicar outras edições em que focalizará em conjunto assuntos culturais de importância continental. Para esses números, tiraremos o máximo da experiência do presente e procuraremos evitar as falhas e os erros que certamente incidimos."[100]

O número seguinte traz na capa um artigo de T.S. Eliot traduzido pelo também novo colaborador Pizarro Drummond. E em julho inicia uma série sobre o Canadá, que também conta com apoio diplomático. Um pequeno editorial, na última página, agradece ao embaixador Jean Désy, o mesmo que, em outubro de 1944, contribuíra para a ida de Villa-

Lobos ao Canadá. O texto anuncia, com modéstia: "Não se trata de um número especial sobre a cultura canadense pois seria demasiado pretensioso tentar fazê-lo. Em edições posteriores publicaremos novos trabalhos de escritores canadenses, em que serão focalizados outros aspectos da vida e da inteligência deste admirável país." E, lembrando os propósitos iniciais do jornal, declara: "O nosso intuito não é apenas o de contribuir para mostrar ao público brasileiro o que o Canadá tem feito no plano da inteligência e da cultura. Queremos, além disso, prestar uma homenagem aos nossos irmãos canadenses que souberam, tão bravamente, cumprir o seu dever na luta contra o nazi-fascismo." Este pequeno texto vem assinado pelas misteriosas iniciais G. de C.S. Talvez um substituto de Jorge Lacerda? Talvez.

As edições de julho e agosto de 1946, assim como a de fevereiro de 1947, são inteiramente dedicadas ao Canadá. Esse hábito já fora incorporado pelos diretores anteriores, mas de forma diferente. O número de junho de 1943, por exemplo, foi dedicado por completo à Bolívia, mas tinha como pretexto a visita do presidente Enríque Peñaranda ao Brasil. O de fevereiro de 1944 foi dedicado à República Dominicana, sob pretexto dos 100 anos de sua independência. À coletânea cultural correspondia um interesse político-diplomático. Dessa vez, a única explicação para a homenagem prestada ao Canadá era a possibilidade de auxílio prestado pelo embaixador, assim como a literatura dos Estados Unidos ficou em evidência graças ao material cedido pelo vice-cônsul.

Outro sinal de mudança dos tempos pode ser percebido com o pedido de colaboração com a revista uruguaia *Mensaje*, anunciado em dezembro de 1947: enquanto, em 1941,

Ribeiro Couto decretou "apoio dos escritores da América empenhados na criação" à já citada revista *Norte-Sul*, de Branca Luz Brum, o anúncio formulado com os mesmos fins, anos depois, traz um impessoal apelo: "aos interessados no intercâmbio intelectual entre o Uruguai e o Brasil, comunicamos o endereço da sra. Eunice Utinguassu Tavares, presidente do Círculo de Intercâmbio Cultural Interamericano". A ausência de referências a esse círculo, bem como mais informações sobre a revista, denota a mudança do foco de interesses dos que conduziam o suplemento. Num apelo quase desesperado em busca de novos materiais, Jorge Lacerda deixa entrever a fragilidade de sua teia e seu desconhecimento do mundo continental. A nota intitula-se "O Pensamento da América aos adidos de Embaixada", e diz:

> O "Pensamento da América", procurando refletir em suas páginas o movimento literário e artístico de todos os países do continente, solicita dos adidos culturais de embaixada a remessa de revistas, publicações etc., capaz de informar suficientemente sobre esse movimento, pondo à disposição dos mesmos as páginas do referido suplemento para uma obra de intercâmbio cultural ativa e fecunda.[101]

Era o fim. Publicado em janeiro de 1948, o apelo nem chegaria a surtir efeito, uma vez que, no mês seguinte, a direção do jornal iria substituir "Pensamento da América" por outro suplemento, de divulgação científica, intitulado Ciência para Todos.[102] O jornal *A Manhã* de 28 de março anuncia a mudança:

> *A Manhã* dá início hoje à publicação de mais um suplemento denominado *Ciência para Todos* [que] sairá com a edição do último domingo de cada mês e **provisoriamente** substituirá o "Pensamento da América". Conforme a aceitação que encontrar a iniciativa, esperamos dentro em breve **retomar** a publicação de "Pensamento da América" sem o prejuízo de manutenção de Ciência para Todos.[103]

Essa retomada jamais aconteceu simplesmente porque já não havia uma vontade por parte do Estado que a justificasse. A essa mesma razão deve-se o fato de o suplemento ter permanecido em mãos tão morosas após o fim do conflito mundial e do Estado Novo. É interessante notar que durante todo o ano de 1947 os assuntos da primeira página variavam entre temas de cultura geral e interesses literários, mas longe de serem pan-americanos. Enormes fotos de igrejas brasileiras, artigos sobre o livro *Memórias de um sargento de milícias*, um texto de José de Anchieta de 1585, contos de Murilo Mendes, notas sobre o existencialismo francês... mais do que refletir o suposto pensamento das Américas, anunciava-se uma série variada de artigos de interesse cultural, sem chegar a assumir uma identidade própria.

No que diz respeito à literatura, nota-se uma enorme concentração de autores brasileiros. Se antes os brasileiros que apareciam estavam todos ligados, de certa forma, a essa identidade nacional-americanista, daí em diante não haveria mais critério identitário aparentemente válido. A impressão que fica é que urgia preencher espaço e que o fluxo de material americano não era suficiente. Foi criado, portanto, um certo número de colunas fixas que esbanjavam páginas e páginas divulgando a "Poesia dos novos" (poemas de jovens poetas brasileiros, cuja maioria não se tornou conhecida); "Romances Universais"; "No mundo das Letras", contos de Breno

Acioly (em três edições consecutivas), entre outras brasilidades. Para não descaracterizar por completo o propósito do jornal, que afinal tinha de fazer jus ao título, seguiu-se um programa de republicações de pérolas literárias publicadas antes da decadência. O caso que mais chama atenção é o de Manuel Bandeira tradutor, praticamente todo republicado cinco anos depois das publicações originais: *O noturno*, de Asunción Silva; *Renúncia*, de Patrícia Morgan; Rosa d'alva, de Pedro Juan Vignale; *Aspiração*, de Langston Hugues; *Último instante*, de Manuel Nájera; *Chartres*, de Archibald McLeish. Ribeiro Couto também tivera suas traduções de Alfonsina Storni republicadas em 1947. Ora, sabemos que tanto Bandeira como Ribeiro Couto eram colaboradores de "Letras e Artes". E tirando essas republicações não há vestígio de materiais frescos vindos deles depois que deixaram a direção do suplemento. Chama a atenção, ainda, nesse período, muitos poemas publicados no original, em espanhol.

Uma iniciativa interessante foi uma página publicada em janeiro de 1947, intitulada "Página de Poesia Argentina Contemporânea", organizada por Natanael de Barros, tradutor de quase todos os poemas, que incluíam versos de Leopoldo Marechal, Ricardo Molinari, J.M. Cartiñeira de Dios e Oliverio Girondo. O mesmo Natanael escreveria, no mês seguinte, um artigo sobre "Pintura argentina contemporânea", onde cita Luis Enéas Spilimbergo. Em março traduziu poesias de índios mexicanos e depois sumiu do mapa, só retornando no último número de fevereiro de 1948, com um artigo sobre Araci de Almeida.

Outras preciosidades podem ser encontradas nessas páginas semi-amorfas. Em novembro de 1946, um artigo chamado "Uma solução original de questão de limites", tratando da fronteira entre a República Dominicana e o Haiti, é assinado por um certo J.A. de Lemos. Trata-se de Jayme Alves de Lemos, major do Exército brasileiro e membro da Sociedade de Estudos Pan-americanos. O major constitui um dos personagens mais curiosos do suplemento. A partir de 1946, torna-se um dos colaboradores mais fiéis, aparecendo em praticamente todo número. Qualquer artigo dessa fase que saísse da obviedade americanista levava, certamente, o nome dele. Embora pertencesse a um outro circuito, também parecia ser alguém de muitas relações.

Guatemala, Bolívia, Equador, República Dominicana, Panamá: este era o nicho do major. Nada de Argentina nem México. Traduziu autores inéditos no suplemento, como Leopoldo Vinueza, Agustín Cueva Tamaríz, Luis Yépez Calisto e Luiz Moreno (Equador); Ricardo Alfaro e Rodrigo Miró (Panamá); León Felipe e Juan José Arévalo (Guatemala); Kemff Mercado e Hugo Rene Pol (Bolívia); Troncoso de la Rocha (República Dominicana); e Luis Callado Díaz (Cuba). Muitos desses nomes pertenciam ao alto escalão dos respectivos governos. Troncoso de la Rocha fora presidente da República Dominicana e era então presidente do Senado; Ricardo Alfaro era ministro das Relações Exteriores do Panamá; Hugo Rene Pol era diretor das publicações militares do Exército da Bolívia e presidente da Sociedade de Estudos de História da Bolívia; Yépez Calisto, secretário do Departamento de Relações Culturais do Ministério das Relações Exteriores do Equador; Rodrigo Miró, membro da Academia de História do Panamá; Luis Callado Díaz, secretário de Defesa de Cuba.

Nota-se facilmente que o major circulava por outros meios, mas que possuía, a seu modo, teias de relações intercontinentais. Hoje é difícil encontrar referências aos autores classificados pelo major como "figuras de relevo continental". Talvez nem tivessem tanto relevo assim, mas chama a atenção o trabalho recolhido, editado, traduzido por este brasileiro que, no fim, saiu amplamente condecorado pela sua participação no suplemento. Em junho de 1947, a Casa de Cultura Equatoriana manda um ofício de agradecimento pelo seu trabalho sobre as letras equatorianas, e dispõe-se a "lhe enviar pontualmente todas as publicações da casa",[104] oferecendo aos escritores brasileiros as páginas do seu boletim. Na mesma página, outra nota, dessa vez da legação panamenha, agradece o recebimento do suplemento *"dónde aparece, gracias a la gestión de usted, un trabajo del ministro de Panamá"*.[105] Em agosto, o também panamenho Rodrigo Miró, que acabara de ter um artigo seu traduzido pelo major ("A literatura panamenha"), manda-lhe uma carta agradecendo e prometendo novas remessas: *"proximamente tendré el placer de enviar a Ud. algunas obras panameñas que no dudo le ayudarán a proseguir en su encomiable actividad"*.[106] Em novembro, logo após a tradução de um pequeno artigo do boliviano Hugo Rene Pol, lemos a seguinte nota: "Durante sua estada no Rio de Janeiro, o tenente-coronel (...) fez a entrega do diploma de Sócio Correspondente da Sociedade de Estudos de História, ao major Jayme Alves de Lemos, assíduo colaborador de "Pensamento da América" e estudioso dos assuntos pan-americanos."[107]

O fato de o suplemento publicar essas cartas na íntegra — sendo que a maioria delas está endereçada ao major e não à redação — não deixa de ser um indício de quão relevante e inusitada era a atuação deste militar. Por intermédio do Comando Militar do Leste, foi possível contactar as duas filhas do major, Vera Lúcia e Eliane Theresa. Vera Lúcia relatou as muitas viagens que o pai, falecido como coronel em 1951, fez nos anos 1940 pelo continente, incluindo a lembrança de uma lhama de prata com que presenteara a mãe. Revelaramme também que, além de militar, era engenheiro e jornalista freqüentador da ABI, e ainda participava da Cruz Vermelha Brasileira. Citaram, inclusive, uma viagem que fizera ao Equador para socorrer as vítimas de um terremoto. E lembra também das queixas da mãe quanto às freqüentes recepções em embaixadas a que o marido era convidado.

Jayme Alves de Lemos agia de forma parecida com a dos antigos diretores modernistas, que dentro de sua ampla teia de contatos enviavam e recebiam remessas, encontravam-se, condecoravam, varavam mundo atrás de alguma novidade. Podemos dizer que o major fora a última das aranhas dessa teia.

Ou quase a última. As três derradeiras edições de "Pensamento da América" foram repentinamente adotadas por uma mulher que já contribuíra bastante, mas que há muito estava ausente: Cecília Meireles. Cecília fazia parte da história do suplemento. Apesar de sua primeira contribuição como tradutora ter sido em julho de 1942, seu nome apareceu pela primeira vez em 26 de agosto de 1941. Nessa data, a então folha semanal anunciava um concurso para a melhor tradução do poema "Night song of Amalfi", de Sara Teasdale. Seria a única iniciativa desse gênero ao longo dos anos, e o prêmio outorgado era de 300$. No dia 30 de setembro, anunciaram que a vencedora fora uma certa Florência. Na semana seguinte, uma nota comunicava, divertida, a surpresa que ocasionara na redação a chegada de "Florência", na verdade pseudônimo de Cecília Meireles, para receber o prêmio. A tradução premiada foi publicada em julho de 1942. A partir daí, tornou-se colaboradora assídua, até meados da gestão de Renato Almeida (agosto de 1943). Nesse período, traduzira o argentino José Hernández, o chileno Pablo Neruda, o peruano Parra del Riego, os chilenos Guzmán Cruchaga e Julio Barrenechea, entre outros.

Reapareceu anos depois, em novembro de 1947, chegando na surdina e estampando no centro da primeira página uma homenagem a Ricardo Molinari, jovem poeta argentino. Além do artigo, a página trazia ainda a litografia *Cabeza de mujer*, de Orozco, e a tradução de uma das *Odes* do poeta. Cecília cita seus versos:

> Desejo ter uma janela
> Que seja o centro do mundo
> E uma angústia
> Como a da flor de magnólia
> Que, se a tocam, escurece.

Parece que Cecília teve a sensibilidade de perceber que "Pensamento da América" estava qual a flor da magnólia, escurecido e murcho. E foi seu o último esforço de recuperar os fios rompidos da antiga teia. Na edição de fevereiro de 1948, talvez sem saber que seria a última, Cecília Meireles dedica a capa à poetisa argentina Alfonsina Storni, em homenagem aos dez anos do seu suicídio, nos mares de Mar del Plata. Cecília abre o texto contando mais um encontro:

> Entre marquesa empoada e clown lírico — mal a pude ver num momento movediço de hotel. Tinha nos olhos e no riso um fulgor igual: a ironia, essa indulgência dos tristes; a poesia, essa tristeza dos bons. Uma prematura cabeleira toda de lua, que fazia Gabriela Mistral dizer-lhe, como a um bichinho meigo: "ratinho branco..."
>
> Um dia, em 1938, o Uruguai convidou essas duas altas vozes — a argentina e a chilena — a se unirem à de sua Juana de Ibarbourou, para juntas explicarem o mistério de seu lirismo. Foi uma festa inesquecível para o continente.

Cecília, Gabriela, Juana e Alfonsina foram as quatro mulheres de mais destaque nas páginas continentais. Foram elas que perfumaram tanto rancho e tanto *gaucho*, epopéias de heróis masculinos, de brados e fronteiras. Representavam o lado feminino da América, com seus poemas eróticos, seus cheiros de primavera, seus desejos de poetisa.

Enquanto que nas mãos esguias de Juana enroscava-se o desejo e que Gabriela via "juntas e amantes fazerem país", Alfonsina deixava-se ir, "entrando pelas águas até os senfins do mar — quem sabe até o centro da vida"; e Cecília, narradora onipresente dos detalhes fugazes, explicava o suicídio da amiga:

> Estava necessitada e cansada. Ponho-me a reler seus versos: tão desejosos de encontro, de repercussão. Nascera para o mais triste e mais irresistível dos verbos: dar-se. Que é um verbo curto, irregular, e só ironicamente reflexivo.
>
> Procura Alfonsina o destino do seu verbo, e em todas as tentativas, sobre si mesma tristemente recai. Experiências de amor sempre inúteis, sempre perdoadas (...) Pouco lhe resta a fazer. Se o amor é então impossível — ela, que *"como algún insecto perezoso y bello"* nasceu para o amor — aprenderá a despojar-se de sua condição: aprenderá a morrer. Cada tentativa de amor não foi, já, na verdade, um ensaio de morte? Mas é preciso insistir *"que el arte de morir es cosa dura: se ensaya mucho y no se aprende bien"*.[108]

E com essa reflexão parece ter sido também atirado ao mar "Pensamento da América", desembaraçando-se de tantas teias que, finalmente, descansam em forma de novelo, tal como a voz de Alfonsina, recitando seu grito de despedida:

Torno-me leve
A carne cai de meus ossos
Agora.
O mar sobe pelo canal
De minhas vértebras
Agora.
O sol roda pelo leito de minhas veias
Agora.
O sol! O sol!
Seus últimos fios me envolvem
Me impelem
Sou um fuso:
Giro, giro, giro, giro...

Notas

1. *A Manhã*, 17/8/1941.
2. "País da ausência", poema de Gabriela Mistral, tradução de Ribeiro Couto, em "PdA", 9/8/1941; republicado em "PdA", 22/2/1942.
3. Manuel Bandeira, *Itinerário de Pasárgada*, p. 61.
4. Sobre a carreira consular de Ribeiro Couto, ver Afonso Arinos, filho, "Ribeiro Couto: o poeta do exílio", em *O Itamaraty na cultura brasileira*, p. 309.
5. Renato Almeida, "O Pensamento da América e Ribeiro Couto", em "PdA", 25/4/1943.
6. *Idem*.
7. Manuel Bandeira, *op. cit.*, p. 61.
8. Manuel Bandeira, *op. cit.*, p. 60-61.
9. Renato Almeida, "O Pensamento da América e Ribeiro Couto", em "PdA", 25/4/1943.
10. *Dicionário histórico e biográfico brasileiro*, Fundação Getulio Vargas, p. 498.
11. "Americanidade", em "PdA", 9/8/1941.
12. "PdA", 22/1/1942.
13. Schwartz, 1995, p. 630.
14. "PdA", 22/3/1942.
15. "Explicação deste suplemento", em "PdA" 22/1/1942, grifo meu.
16. "PdA", 22/1/1942.
17. "Solidariedade", em "PdA", 26/7/1942.
18. "A solidariedade e a compreensão entre as Américas", em "PdA", 22/2/1942.

19. "O Estado Novo e o pan-americanismo", em "PdA", 22/1/1942.
20. "O folclore e o pan-americanismo", em "PdA", 22/1/1942.
21. "O Estado-Novo e o pan-americanismo", em "PdA", 22/1/1942.
22. *Idem.*
23. "O Estado-Novo e o pan-americanismo", em "PdA", 22/1/1942.
24. "O americanismo do presidente Getúlio Vargas", em "PdA", 19/4/1942.
25. "Cooperação continental", em *A Manhã*, 12/9/1941.
26. Verso de *Globe Trotter*, poema de Vicente Huidobro, traduzido por Dante Milano, em "PdA", 26/7/1942.
27. "A serviço da compreensão americana", em "PdA", 22/3/1942.
28. "PdA", 22/3/1942.
29. *Idem.*
30. "PdA", 27/9/1942.
31. *Idem.*
32. *Idem.*
33. *Idem.*
34. Ellison, 2002.
35. "O 'Pensamento da América' e Ribeiro Couto", em "PdA", 25/4/1943.
36. "PdA", 20/6/1943.
37. *Idem.*
38. "PdA", 30/5/1943.
39. A Argentina teve uma posição bastante controversa no continente, mantendo-se neutra na guerra até janeiro de 1944. Ainda assim, "Pensamento da América" jamais deixou de publicar em suas páginas assuntos relativos a esse país. Para mais detalhes sobre o papel da Argentina no período, ver: Mario Rapoport, ¿*Aliados o neutrales? La Argentina frente a la Segunda Guerra Mundial*, Buenos Aires, Editora Universitaria de Buenos Aires.
40. "PdA", 25/7/1943.
41. "Minha viagem ao Chile", em "PdA", 26/11/1944.
42. "Cordialidade jornalística peruano-brasileira", em "PdA", 26/8/1945.

43. "PdA", 26/3/1944.
44. "PdA", 20/10/1944.
45. "PdA", 18/6/1944.
46. "PdA", 20/6/1943.
47. "Plano nacional para a investigação folclórica", em "PdA", 25/7/1943.
48. *Idem.*
49. "O cavaleiro da virgem", em "PdA", 24/9/1944.
50. Entrevista publicada no site <www.unicamp.br/~boaventu/page9a.htm>.
51. "PdA", 27/5/1945.
52. "PdA", 24/12/44.
53. *Idem.*
54. "O panorama literário feminino no Brasil visto por Gabriela Mistral", em "PdA", 26/8/1945.
55. Campos, 1977, p. 25.
56. Paz, Octavio, *apud* Campos, *op. cit.*
57. Bandeira, 1949, p. 125.
58. Jozef, 1971, p. 124.
59. Bella Jozef, p. 135.
60. "Creio em ti, Democracia", em "PdA", 30/5/1943.
61. "João Ribeiro e Rubén Darío", em "PdA", 26/9/1943. Grifo original do autor.
62. Bandeira, 1949, p. 171.
63. "A América na reconstrução do mundo", em "PdA", 31/10/1943.
64. "A fidelidade brasileira aos ideais americanos", em "PdA", 28/11/1943.
65. "PdA", 27/5/1945.
66. "PdA", 24/6/1945.
67. *A Manhã*, 2/7/1945.
68. *Idem.*
69. Meirelles, 1996, p. 36.
70. "PdA", 24/5/1942.

71. Apesar de Gabriela Mistral ser uma entusiasta dos ideais americanistas e fiel colaboradora do órgão oficial do Estado Novo, há uma carta sua endereçada a Henriqueta Lisboa onde se queixa que *"en seis años de Brasil — de dictadura — no vi nunca un libro mío en el comercio. Yo fui, para ciertos circulos, los oficiales, una comunista tremenda"* (Mistral, 1973 p. 53). Esta declaração contradiz com seu otimismo quanto aos intercâmbios realizados durante sua estada e citados no final do último capítulo deste trabalho.
72. "PdA", 25/7/1943.
73. *A Manhã*, 1/12/1945.
74. "PdA", 30/12/1945.
75. Website da Unesco: <http\\portal.unesco.org>.
76. O Brasil era o país da América Latina que mais produzia filmes nesse período. Segundo o site da Cinemateca Brasileira <http://www.cinemateca.com.br/boletim_censo3.htm>, em 1933 foram produzidos 118 filmes brasileiros, quase seis vezes mais do que o México.
77. Ayala Blanco, 1968, p. 66-67.
78. Galindo, 1985, p. 61.
79. Não convém, aqui, entrar em detalhes sobre a história do México, mas é sempre bom lembrar que Cárdenas, do Partido Nacional Revolucionário, governou de 1934 até 1940 seguindo as idéias de Calles, como a de fazer a reforma agrária etc. Além de várias nacionalizações, Cárdenas deu amplo apoio à educação, criando inclusive o Departamento de Assuntos Indígenas. Também recebeu inúmeros exilados da guerra civil espanhola, além de ter abrigado Trotsky nos últimos anos de sua vida. Para mais detalhes, ver: *História mínima de México*, vários autores.
80. "PdA", 24/10/1942. É curioso notar que a mudança de mil-réis para cruzeiro se deu no dia 31 de outubro de 1942 (segundo dados do Banco Central), e esse artigo saiu no dia 24 de outubro!
81. "PdA", 25/10/1942.
82. "PdA", 29/9/1946.

83. "Três observações acerca da orientação moderna endereçadas à nova geração de pintores e escultores americanos", em *Revista Vida Americana*, Barcelona, maio de 1921, número único, *apud* Ades, 1997, p. 323-324.
84. Anaya, 1997, p. 128.
85. Em depoimento para o livro *Açúcar*, de Gilberto Freyre (1968), Renato conta uma passagem de sua infância quando deparou-se com um abacaxi dourado, feito com pingos d'ovos. Diz: "A arte me emocionava mais do que o gosto, mas nem por isso vim depois a admirar naturezas-mortas..." (p. 273).
86. Mejía Vidés esteve no México no início dos anos 1920, onde entrou em contato com a pintura pós-revolucionária. O catálogo do Museu Forma, de San Salvador, afirma que, mais do que uma *"apología a la gran pintura muralista"*, o pintor guardou como inspiração seu *"asentamiento rural"* (p. 12).
87. "PdA", 24/11/1946.
88. Joaquín Torres-García, *apud*, "PdA", 24/11/1946, grifos originais.
89. Muñoz, Miguel Angel, "América Latina: territorialidade e práticas artísticas", em Bulhões, 2002, p. 44-45.
90. *Ibid.*, p. 52.
91. "PdA", 22/3/1942.
92. "PdA", 25/10/1942.
93. "PdA", 29/11/1942.
94. "PdA", 20/12/1942.
95. "PdA", 25/1/1948, grifo meu.
96. "PdA", 29/2/1948.
97. *Dicionário histórico-biográfico brasileiro pós-1930*, v. III, p. 2991.
98. "Letras e Artes", 3/2/1946.
99. "PdA", 27/9/1942.
100. "PdA", 5/5/1946.
101. "PdA", 25/1/1948.
102. A este respeito, ver *Domingo é dia de ciência*, livro do jornalista Bernardo Esteves, que analisa o suplemento que substituiu "Pensamento da América".

103. *A Manhã*, 28/3/1948, grifos meus.
104. "PdA", 15/6/1947.
105. *Idem.*
106. "PdA", 10/8/1947.
107. "PdA", 30/11/1947.
108. "PdA", 29/2/1948.

CAPÍTULO 3 As presas

> O Brasil atravessa uma época de franco progresso cultural. O interesse pelas coisas do espírito aumenta progressivamente, traduzindo-se em *iniciativas* que vão desde um maior intercâmbio com os povos cultos do mundo até a multiplicação de livrarias, editoras, centros artísticos, escolas de arte e movimentos de correntes dedicadas ao cultivo das letras, da música e de todas as artes em geral. (...)
> Não deve ficar sem registro, ainda, o intercâmbio com os países americanos, consubstanciado nas visitas freqüentes de romancistas, sociólogos, poetas, escritores de renome internacional, pintores, escultores, cientistas, embaixadas estudantis, delegações do magistério continental e muitas outras representações da cultura e da ciência no exterior. Com essas visitas, que se renovam e se retribuem, o Brasil lucra de maneira extraordinária, formando uma mentalidade ventilada ao contacto com os horizontes largos da vida e do pensamento internacional.[1]

Esta nota foi publicada, sem assinatura, na edição de *A Manhã* de 24 de agosto de 1941. Dois dias antes, portanto, de sair a terceira edição da página semanal "Pensamento da América". O projeto ainda estava se iniciando, em fase de teste, sem muita certeza se vingaria ou não. O jornal teve vida longa, como já se sabe. Em agosto de 1943, um artigo comemora os rumos do pan-americanismo: "Não é mais cooperação de *tropos literários*, senão de *realidades positivas*, com resultados eficazes e atuais e *larga projeção para o futuro*."[2]

Na introdução deste livro — "Fios de seda" —, o foco recaiu sobre esses "tropos literários" ou o *discurso* que justifica a aproximação das Américas. No capítulo "As glândulas" foi reativada essa "realidade positiva" que permitiu e originou "A teia" e seus "resultados eficazes e atuais". Resta, agora, "a larga projeção para o futuro", tema deste último capítulo, intitulado "As presas". Trata-se de garimpar, sempre nas páginas de "Pensamento da América", indícios de práticas de cooperação intelectual que fossem além da efemeridade de um artigo de jornal. Viagens, publicações, traduções de livros, bolsas de estudo, cursos de idioma, exposições de arte, concertos, enfim, tudo o que pudesse participar do cotidiano de um brasileiro da época, enredando-o nos fios viscosos da americanidade.

A COOPERAÇÃO CULTURAL

O primeiro e mais evidente desses itens é a própria existência do suplemento pan-americano "Pensamento da América", que, ao longo de sete anos, participou de muitas manhãs dominicais dos leitores brasileiros de *A Manhã*. A única estatística de leitores que temos é de 1949, e previa que 1,8% da população do Distrito Federal lia *A Manhã*, sendo que 0,3% pertencia à classe A, 1% à classe B e 0,5% à classe C. Da população total de 2.100.000, temos um número aproximado de 37.800 leitores, para uma tiragem dominical de 73.233 exemplares, vendidos cada um a 300 mil-réis (preço equivalente ao de uma passagem de bonde). Isso sem contar os leitores de outros estados, o que é impossível de contabilizar, mas que um editorial de julho de 1945 garante que existiam.³ Era o sexto jornal carioca de maior circulação aos domingos.⁴

Do suplemento em si já falamos bastante. Agora interessam as demais práticas que, anunciadas nas páginas de "Pensamento da América", iam além de suas fronteiras. Trata-se, principalmente, do trabalho do Ministério das Relações Exteriores e de sua Divisão de Cooperação Intelectual. Trata-se também de certas iniciativas do Ministério da Educação, de Gustavo Capanema. E, fora do âmbito oficial, havia atitudes pessoais que, estando ou não ligadas às vias diplomáticas, contribuíram para a solidificação dessa teia de intercâmbio cultural.

Entre 1937 e 1944, o Itamaraty estava, literalmente, nas mãos de um aracnídeo: o chanceler Oswaldo Aranha, que fomentou todo o projeto de política internacional do Brasil nos anos do Estado Novo, sendo um dos grandes responsáveis pelo alinhamento com os Estados Unidos, país pelo qual nutria grande simpatia e admiração e onde passara parte dos anos 1930 como embaixador (1934-37). Foi na sua gestão que se deu a negociação para o financiamento da empresa de siderurgia; foi ele quem rompeu com o Eixo e resolveu o conflito de fronteira entre o Equador e o Peru. Ocupava, portanto, um lugar central nas páginas do suplemento. Como já vimos, a atenção dedicada à diplomacia é muito grande, e esta, junto com a política, ocupa grande parte das manchetes de primeira página, sobretudo no período de 1942 a 1945 [cf. Anexo 1].

Já sabemos também que Ruy Ribeiro Couto era diplomata. No entanto, não interessam tanto aqui as suas missões no exterior, tema do artigo de Afonso Arinos (filho) no livro

O Itamaraty na cultura brasileira. Diz este autor que "entre o regresso da França, em 1932, e sua partida para Portugal, em 1943, [passou] duas temporadas no Brasil e uma na Holanda, de permeio".[5] O que nos interessa agora são essas duas temporadas no Brasil, onde assumiu papel-chave e alavancador na política brasileira de intercâmbio cultural.

Em 1934, Ribeiro Couto, então secretário do Itamaraty, seria incumbido de estudar as possibilidades de criação de um departamento de cooperação intelectual. Em 1935, traçou um plano de organização e definiu suas atribuições. Em 1936, discriminaram-se as atividades da nova seção, que foi devidamente separada do Serviço de Publicações. Em 8 de junho de 1937, o ministro Mário de Pimentel Brandão baixou uma portaria criando-a oficialmente. Em 1938, foi, por fim, estabelecida a Divisão de Cooperação Intelectual. Esse minucioso histórico faz parte de um artigo não assinado, publicado na primeira página de agosto de 1943, sob a gestão de Renato Almeida. Intitulado "A política brasileira de cooperação intelectual", prestou-me valoroso serviço, já que a bibliografia sobre o assunto é escassa.

Foi na VI Conferência Internacional Americana, reunida em Havana, em 1928, que a questão da cooperação intelectual foi tratada pela primeira vez em termos pan-americanos: a resolução daquela conferência recomendou a criação de um Instituto Interamericano de Cooperação Intelectual, incluindo, ainda, na reforma da União Pan-americana de Washington, uma Divisão de Cooperação Intelectual. Uma reunião de reitores, diretores e educadores aconteceu na capital cubana, em fevereiro de 1930, e assentou as bases do instituto, que foram aceitas pela VII Conferência Internacional Americana, de Montevidéu. No entanto, até agosto de 1943, quando o artigo foi publicado, esse órgão ainda não havia sido criado. Tanto na Conferência para Consolidação da Paz, de Buenos Aires, em 1936, como na Conferência de Lima, em 1938, os problemas de cooperação intelectual foram abordados, tendo rendido, inclusive, uma série de resoluções escritas.

Em 1939, deu-se a I Conferência Interamericana de Comissões Nacionais de Cooperação Intelectual, reunida em Santiago do Chile, com a presença de todos os países do continente, menos Honduras e El Salvador. O Brasil foi representado pelo professor Roquette Pinto, pelo dr. Luz Pinto e pelo ministro Abelardo Bretanha Bueno do Prado. Um dos objetivos do encontro foi "a intensificação do intercâmbio entre os centros culturais do continente", ou seja, incentivar "os inúmeros projetos recomendados aos governos, que visam à criação de meios mais ativos de difusão cultural e à instalação de novos serviços técnicos e repartições oficiais destinadas a coordenar e dar maior eficiência às relações culturais entre as nações do continente".[6]

Em novembro de 1941, reuniu-se em Havana a II Conferência Interamericana de Cooperação Intelectual e o Brasil foi representado pelo embaixador João Carlos Muniz, pelo professor Miguel Osório de Almeida e pelo escritor Ruy Ribeiro Couto, que, nessa época, já era diretor da folha semanal "Pensamento da América". Vale lembrar que foi por ocasião dessa viagem que Manuel Bandeira o substituiu na direção do suplemento.

A principal decisão dessa conferência foi a de criar um Centro de Coordenação de Cooperação Intelectual que funcionasse enquanto o Instituto de Paris estivesse inativo por conta da Guerra. Com essa finalidade, foi organizado um comitê de sete membros, sob a presidência do professor Miguel Osório de Almeida, e fixado o encontro seguinte, em

Washington. Sobre esse centro, opina o artigo, pouco otimista: "Devemos aguardar as suas resoluções para melhor ajuizar das vantagens desta iniciativa, que nos parece, aliás, muito pouco praticável e, nas condições atuais do mundo, sem possibilidade de qualquer êxito."[7]

A II Conferência Interamericana de Cooperação Intelectual aprovou resoluções e recomendações sobre os mais variados assuntos práticos, entre os quais

> concursos interamericanos, exposições, criação de bibliotecas, publicações de difusão cultural, celebração freqüente destas conferências, casa do escritor, proteção aos exilados, redução de tarifa sobre livros, franquia aduaneira sobre livros enviados a bibliotecas, organizações de coletâneas de grandes obras de escritores americanos.[8]

Foi proposta, ainda, a criação de uma Federação Americana de Autores e Compositores, dotada de personalidade jurídica.

Ao término da II Conferência, vários escritores, entre os quais Ribeiro Couto, permaneceram em Havana para participar de uma iniciativa do mexicano Alfonso Reyes: o ex-cônsul mexicano no Rio de Janeiro propusera a realização de um "*entretien* de escritores americanos" para discutir o tema "As Américas em face da crise mundial". O reencontro dos dois amigos valeria uma foto, publicada pelo suplemento em fevereiro de 1942. A ida de Ribeiro Couto a Havana foi estrategicamente importante para o "Pensamento da América". Certamente, deve ter voltado para casa com a mala cheia de livros, publicações, contatos e idéias, permitindo gerar um futuro sadio para o suplemento. O ano de 1942 foi particularmente fértil em novidades e variedades.

O trabalho da Divisão de Cooperação Intelectual do Itamaraty adquiriu contornos estratégicos nos anos 1940, já que o seu "intenso labor" estava solidificando uma imagem positiva do Brasil no âmbito internacional. Esse resultado, como já vimos, era de extremo interesse para o governo brasileiro, que apoiou incondicionalmente a iniciativa: "os nossos chanceleres têm compreendido seguramente o alcance de tais atividades e o ministro Oswaldo Aranha lhes tem dado a maior autoridade, dirigindo sempre a diplomacia brasileira no sentido de fortalecer a política do espírito". Coincidentemente, o responsável por fortalecer mais esta teia da "política do espírito", expressão de Paul Valéry cultuada naquele momento, foi outra aranha: Themístocles da Graça Aranha, ministro do Itamaraty e "herdeiro de um dos nomes mais gloriosos das letras nacionais". Chefe da Divisão de Cooperação Intelectual do Itamaraty em 1943 e 1944,[9] "cuja inteligência e zelo nesse esforço merecem os maiores louvores", foi bastante elogiado pela sua atuação.

O principal mérito da divisão foi a negociação de vários acordos e convênios culturais com os países latino-americanos. Nos anos 1930 e 1940, aproximadamente 24 documentos diplomáticos de caráter cultural foram assinados com países da América Latina [cf. Anexo 2]. Desses 24, 11 foram acordos assinados depois da criação da Divisão de Cooperação Intelectual do Itamaraty. Antes de 1938, há basicamente acordos com os países que mais tarde comporiam o Mercosul (Argentina, Uruguai e Paraguai). O primeiro deles é de 1921, com o Uruguai, e prevê o "intercâmbio de professores e alunos". Em seguida, vários convênios assinados com a Argentina na ocasião da visita do presidente Justus ao Brasil, em outubro de 1933, contemplavam o "intercâmbio intelectual"; o "intercâmbio artístico"; a "permuta de publicações"; e uma "revisão dos textos de ensino de história e geografia" . Estes dois últimos permanecem em vigor até hoje, segundo o site do MRE. Dois meses depois, em dezembro, seriam assinados convênios nos mesmos termos com o Uruguai: um de "intercâmbio artístico" e outro de "permuta de publicações", ambos também em vigor.

Em 1936, uma série de acordos multilaterais foi assinada por "todas as repúblicas americanas" por ocasião da Conferência Interamericana pela Consolidação da Paz, em Buenos Aires. Eles previam "fomento das relações culturais interamericanas"; "facilidade aos filmes educativos ou de propaganda"; "intercâmbio de publicações"; e "facilidades para exposições artísticas". Sobre esses convênios, tenho poucas informações.

A partir de 1939, inicia-se uma série de acordos, negociados pela Divisão de Cooperação Intelectual e assinados, na sua maioria, pelo chanceler Oswaldo Aranha. Pude consultar alguns deles no Arquivo do Palácio do Itamaraty, no Rio de Janeiro.[10] Em maio de 1944, "Pensamento da América" publica uma nota não assinada, intitulada "Acordos Culturais", que anuncia:

> Com a assinatura dos acordos culturais com o Canadá e com o Equador, o Brasil já está ligado a quase todos os países continentais por instrumentos desta natureza, cujos resultados já começam a ser os mais favoráveis possíveis.
>
> Assim, temos acordos com a Argentina, o Chile, o Uruguai, o Paraguai, a Colômbia, o Panamá, a República Dominicana, a Bolívia, Cuba e Peru.
>
> Desse modo tem sido possível um crescente desenvolvimento de nosso intercâmbio cultural com estes países, alargando assim o âmbito de nossas relações políticas.[11]

Desses, não foi possível localizar o documento relativo aos acordos com o Uruguai, o Paraguai, a República Dominicana e o Canadá. Em compensação, consta o acordo com a Venezuela, de 1942, não citado na relação anterior.

Dos oito acordos analisados (Bolívia, 1939; Cuba, 1940; Chile, 1941; Colômbia, 1941; Venezuela, 1942; Equador, 1944; Panamá, 1944; e Peru, 1945), notamos algumas resoluções em comum: todos, exceto a Venezuela, previam a criação de um "órgão permanente que centralize o intercâmbio intelectual entre as duas nações e facilite informações, programas etc."[12], ou seja, um instituto cultural dedicado aos assuntos de interesse bilaterais. Todos, também exceto a Venezuela, previam bolsas de estudos bilaterais; e todos, inclusive a Venezuela, previam missões de professores para lecionar periodicamente nas universidades acordadas. Outras medidas comuns eram a criação de cátedras de extensão universitária, criação de seções especiais nas bibliotecas, intercâmbio de livros e publicações, e estímulos a traduções de obras relevantes.

O único que foge à regra é o convênio com a Argentina, que, na verdade, é de 1933, não tendo sido atualizado nos anos 1940, fato que lhe confere um perfil distinto dos demais. O "convênio intelectual", por exemplo, não trata de bolsas de estudo, mas de "caravanas estudantis" compostas por jovens de "todas as regiões brasileiras" que iriam "visitar" Buenos Aires na companhia de professores universitários (o mesmo vale para os alunos argentinos no Brasil).[13] Já o "convênio artístico", da mesma data, prevê a realização anual em ambas as capitais de uma "exposição de belas-artes e artes aplicadas" que conterão "secções de livraria, mobiliário, cerâmica, bem como uma especial de projetos arquitetônicos". Previa-se ainda que, durante o tempo de tal exposição, fossem "realizados semanalmente concertos de música nacional, (...) conferências sobre literatura e arte e ... demonstrações a respeito de festas e bailados tradicionais".[14]

Entre as medidas oficiais previstas nos acordos, muitas são citadas nas entrelinhas de "Pensamento da América", seja em forma de notas, de fotos, de pequenas menções que sugerem os rumos dados às iniciativas oficiais e extra-oficiais também. Por meio delas é possível compor outras teias, que podem dar conta da pluralidade de ações e dos resultados alcançados.

Quando o sr. Juan Uribe Echevarría publicou no suplemento um artigo sobre a "Zamba-cueca, dansa nacional chilena", em julho de 1943, ele se encontrava no Rio de Janeiro e certamente conheceu Renato Almeida. O artigo era, na verdade, a transcrição de uma conferência realizada aqui sobre um tema que unia os seus interesses com os do diretor do jornal: o folclore. O professor e crítico chileno estava preparando um livro sobre folclore comparado entre o Brasil e o Chile. Para tanto, veio à capital brasileira "com uma das bolsas de estudo oferecidas pelo nosso governo, a fim de estudar folclore e literatura brasileira".[15] Certamente, ele estava se beneficiando de um dos termos acordados entre os dois países em novembro de 1941: o acordo assinado entre Oswaldo Aranha e Juan Bautista Rosetti, ministro das Relações Exteriores do Chile, previa a concessão de dez bolsas de estudos anuais para "estudantes de cursos superiores ou profissionais brasileiros ou chilenos, enviados de um a outro país para prosseguirem ou aperfeiçoarem seus estudos".[16] Em geral, o acordado era que o país que recebesse o aluno pagava a bolsa (no caso, o Brasil) e o país de origem do beneficiado pagava a passagem. Em 23 de junho de 1943, quase dois anos depois de assinado o convênio cultural, o Senado chileno dedicou uma sessão para discutir e aprovar o projeto de lei proposto pelo acordo. Além de confirmar o programa de dez bolsas anuais — do qual foi beneficiado, possivelmente na primeira leva, o professor Echevarría —, o projeto de lei confirmava a criação de uma cadeira de extensão universitária de história e literatura brasileira ou chilena na principal universidade das capitais. O detalhe era que, em plena ditadura do Estado Novo, tal cadeira deveria ser "regida por professores designados pelos 2 governos". Isso não nos esclarece se havia algum tipo de concurso, mas leva a entender que a escolha era feita por nomeação, de acordo com os profissionais mais aptos a defender a nossa *brasilidade* ou a *chilenidad* deles. O projeto de lei previa ainda apoio ao Instituto de Cultura Chileno-Brasileiro de Santiago e citava o exemplo do Brasil:

> O Instituto de Cultura Brasileiro-Chileno, que funciona no Rio de Janeiro, solicitou do Ministério de Relações Exteriores do Brasil que se imprimissem neste país, traduzidas por intelectuais brasileiros, 10 das obras mais importantes dos autores chilenos que ponham em relevo o valor da nossa cultura.[17]

Levando em conta "a considerável importância que o Brasil adquiriu nos últimos tempos, pelo seu grande desenvolvimento demográfico, industrial e cultural, se torna hoje, mais do que nunca, conveniente estreitar as relações de ordem cultural do Chile com o Brasil". E, por essa razão, o senador Ortega rechaça também os *tropos literários*: "não é possível que perseveremos nesta política de simples declarações literárias e românticas". O discurso segue, decidido: "É necessário que se vá mais longe e agreguemos ao projeto de lei que estamos despachando neste momento um artigo que conceda os fundos necessários para que esta lei se traduza em feitos práticos." O resultado foi a concessão de um fundo anual de 500 mil pesos, previstos na Ley General de Presupuestos.

Possivelmente como resultado dessa ação prática, a Exposição de Livro Chileno no Rio aconteceu em 1944. O general Hernán Santa Cruz ressalta, em conferência no Instituto Chileno-Brasileiro de Santiago, em comemoração ao dia 7 de setembro, que a exposição, realizada pelos senhores Hector Fuenzalida e Jorge Caballero, foi um "êxito", propondo ao Itamaraty iniciativa semelhante na capital chilena.

Outra exposição de livros de importância para o suplemento foi a realizada em Havana, durante a já citada Conferência de Cooperação Intelectual, em novembro de 1941. O senhor José Nucete-Sardi, diretor da respeitável *Revista Nacional de Cultura* de Caracas, foi o responsável pela organização da Exposição de Livros Venezuelanos na capital cubana. Tendo encontrado, naquela ocasião, o diretor de "Pensamento da América", Ruy Ribeiro Couto, teve a gentileza de enviar-lhe uma remessa desses livros, cujo conteúdo certamente deve ter sido aproveitado nas páginas do suplemento.[18]

O Brasil também ganhou destaque na 1ª Feira de Livros da Guatemala, realizada pouco antes de outubro de 1945. Na edição desse mês, podemos ver uma foto do estande brasileiro: um cenário com o escudo da República e uma enorme pintura do Cristo Redentor. A nota comunica, orgulhosa, que o estande foi o vencedor do "primeiro prêmio *hors-concours*" da feira e que continha "livros e monografias vertidos para o castelhano pela Divisão de Cooperação Intelectual do Ministério de Relações Exteriores, além de vários livros brasileiros da Biblioteca da Legação do Brasil na Guatemala".[19] Somos informados, ainda, que "mais de 100.000 pessoas" compareceram ao evento, que vendeu "cerca de 20.000" livros.

Colaborava também com a *realidade integral da boa vizinhança* a circulação de obras de arte e os concertos de música. Menos abundantes que os impressos, as menções a exposições são mais freqüentes quando se trata de brasileiros expondo no exterior: uma exposição de Maria Martins na Valentine Gallery de Nova York; a primeira exposição de Portinari na Argentina, em 1947, onde mais de cem quadros seriam expostos "atendendo a solicitações de círculos artísticos"; o êxito de Portinari em Washington e a contrapartida: a visita ao Brasil, a convite de Gustavo Capanema, do pintor norte-americano George Biddle. Membro do Comitê Interamericano de Relações Culturais e também da Sociedade Nacional de Pintores murais dos Estados Unidos, Biddle deixou-nos um mural no hall da Biblioteca Nacional do Rio de Janeiro. Duas exposições canadenses também aconteceriam no Rio: uma em setembro de 1943, com os quadros *naives* de Alfred Pellan, no Salão da Delegação do Canadá. E uma outra em novembro de 1944, patrocinada pelo Ministério da Educação brasileiro e pelo Instituto Brasil—Canadá. Aparentemente, nenhum dos pintores cultuados nas páginas do suplemento expôs no Rio, na ocasião.

Com a música era um pouco diferente. Era comum encontrar nos programas dos cassinos cariocas cantoras e vedetes latino-americanas. Em outubro de 1945, a "insinuante *vedette* argentina, que tem um pouco de mulher e um pouco de boneca", Margarita Dell, "está sendo muito aplaudida em *Canta Brasil!*, no Teatro Recreio".[20] Em julho do mesmo ano,

Manuelita Arriolo apresenta sua "excentricidade e senso de *humour* (...) na *boîte* do Posto 6".[21] Como elas, muitas outras. No entanto, sabemos que não era esse tipo de aproximação cultural que interessava ao musicólogo Renato Almeida, principal porta-voz da cena sonora do continente. Nas páginas de "Pensamento da América" quem aparecia era Karl Krueger, maestro da Orquestra Sinfônica de Detroit, que veio reger a Sinfônica Brasileira em maio de 1945; ou Aaron Copland, que, ao vir ao Brasil pela segunda vez, tornou-se colaborador do suplemento e conferiu palestras sobre a música norte-americana no Instituto Brasil—Estados Unidos; ou ainda o compositor e pianista uruguaio Héctor Alberto Tosar Errecart, que, em 14 de abril de 1943, por ocasião do Concerto do Dia Pan-americano, executou um "concertino para piano e orquestra, da sua autoria, sob a direção do maestro Mehlich, com o melhor êxito" em São Paulo. Em seguida, veio ao Rio e pretendia seguir por outras cidades, em missão artística do Instituto Interamericano de Musicologia, sob os auspícios do Instituto Brasil—Uruguai.

Embora artes plásticas e música também fizessem parte do projeto de intercâmbio continental, o foco principal recai sempre sobre a atividade literária, e as presas mais apetitosas são, sem dúvida, os livros. Ficamos sabendo, por outra nota informativa, que o Brasil e o Equador trocaram uma "biblioteca completa de livros" brasileiros e equatorianos. O acordo, assinado em 24 de maio de 1944, previa a criação de uma seção especial dedicada ao outro país, na Biblioteca Nacional de cada capital. Essa seção deveria ser composta por "publicações oficiais e as obras literárias, científicas, artísticas e técnicas", e a iniciativa nos foi comunicada pelo sr. Benjamin Carrión, jornalista, de passagem pelo Rio de Janeiro rumo à França. Carrión fazia parte de uma comitiva de jornalistas latino-americanos que foi convidada pelo governo francês a fazer uma "visita de cordialidade à grande nação européia que agora, com a mesma pujança, se está erguendo material e espiritualmente após a longa ocupação nazista" — em dezembro de 1945, artigos de *A Manhã* celebram a retomada das relações culturais com a França. Na ocasião, Carrión anuncia, sob aplausos:

> Consegui, por generosidade do Ministro das Relações Exteriores, embaixador Leão Velloso, uma biblioteca completa de livros brasileiros, e mandarei para o Rio, em troca, uma biblioteca completa de livros do Equador. Necessitamos nos conhecer melhor e isto será possível pelo intercâmbio cultural.[22]

Diante do intercâmbio de livros, o equatoriano chama a atenção para um importante detalhe desse trabalho de cooperação intelectual:

> O Brasil tem grandes figuras nas ciências, nas artes, na literatura, e que são muito pouco conhecidas em nosso país. É preciso *traduzir* para o português livros hispano-americanos e para o espanhol livros brasileiros. Assim, se formará uma rede espiritual, que poderá difundir e tornar efetivos os princípios do pan-americanismo, e chegaremos a formar a Grande América Ibérica integral, que defenderá e fortalecerá a cultura latina.[23]

Ora, a preocupação com a tradução de obras — "desabalada propaganda do pensamento universal" — era uma constante no "Pensamento da América", que, como já vimos, constituía-se num verdadeiro laboratório de traduções para os grandes nomes do meio intelectual brasileiro [cf. Anexo 3]. Além de realizarem eles mesmos as muitas traduções publicadas no suplemento — de verso e de prosa —, estimulavam a publicação de antologias e novelas traduzidas. Em maio de 1942, a Sociedade Felipe de Oliveira, da qual faziam parte Ribeiro Couto, Augusto Frederico Schmidt e o recém-admitido Manuel Bandeira, entre outros, propôs a publicação de uma "antologia de poetas norte-americanos a serem traduzidos por poetas brasileiros para isso convidados".[24] O poeta Gastón Figueira, que já estivera várias vezes no Brasil, e pelo menos desde 1943 colaborava com o suplemento, "selecionou, traduziu e fez publicar nos *Cuadernos Poesía de la América*, uma antologia poética de Cecília Meireles, que recentemente nos chegou às mãos".[25] O mesmo poeta uruguaio já realizara, para o suplemento, traduções de poemas de Murillo de Araújo.[26] Uma nota de abril de 1943 informa que o livro *História da literatura brasileira*, de Ronald de Carvalho, acabara de ser traduzido e publicado na Argentina. O vice-cônsul dos Estados Unidos, Charles Edward Eaton, organizava, em maio de 1946, uma antologia de poetas norte-americanos, "a ser publicada em português".[27] E mesmo Manuel Bandeira publicaria, um pouco mais tarde, um livro intitulado *Poemas traduzidos*, onde encontravam-se vários poemas publicados inicialmente no "Pensamento da América". O poeta lembra em suas memórias que a primeira edição desse livro

> trazia uma advertência em que eu explicava que a maioria das traduções apresentadas não as fizera eu "em virtude de nenhuma necessidade de expressão própria, mas tão somente por dever de ofício, como colaborador do *Pensamento da América*, suplemento mensal d'*A Manhã*, ou para atender à solicitação de um amigo".[28]

Esse *dever de ofício* do tradutor seria bravamente defendido pelo mais assíduo deles: Acácio França. Na edição de janeiro de 1945, sob pretexto de comemoração do terceiro ano de existência do suplemento, França assina um artigo intitulado simplesmente "Traduções". Nele, após uma defesa arraigada do pan-americanismo, reproduzida na introdução deste trabalho, diz:

> (...) Pois, na imprensa do Brasil, é "Pensamento da América", hoje em dia, o maior propulsor do certo, do são *pan-americanismo*. O título só por si se explica. É um repertório selecionado de valores mentais do continente e de como estes se vem manifestando na beleza e na sinceridade do seu verbo. Entretanto, não sendo este suplemento antologia didática de línguas castelhana, inglesa, francesa e correspondentes localinos, nem tampouco de línguas ameríndias, claro que só através do nosso idioma poderá divulgar entre o povo, em geral não poliglota, as produções de escritores americanos e, sempre que possível, a dos poetas também.
>
> Nunca foi tão preciso, urgente e louvável isso a que nem todos ligam a devida reverência — a tradução como desabalada propaganda do pensamento universal. Isso é verdade inconcussa.
>
> Assim, do lado dos historiadores, dos exegetas, dos ensaístas, autores de coisas originais, não ocupam lugar tão despiciendo aqueles que se dedicam, com amor e sinceridade, ao santo labor de traduzir para as colunas de *Pensamento da América*, do qual todos saudamos, no seu 3º aniversário, com votos de vida longa.[29]

O esforço desse *santo labor de traduzir* foi desde logo reconhecido. Em abril de 1942, uma nota anuncia:

"a divulgação em língua portuguesa, num suplemento especial, por meio de cuidadosas traduções, da literatura de ficção, da crítica, do ensaio, do folclore, da história e da arte dos países americanos é uma iniciativa e um exemplo que tem valido a este jornal o conforto de aplausos valiosos da parte de figuras representativas da cultura interamericana".[30]

Um mês depois, encontramos uma carta do professor Eduardo Couture, diretor do Instituto Uruguaio-Brasileiro de Cultura, de Montevidéu, endereçada a Ribeiro Couto. Nela, o uruguaio afirma que o trabalho do suplemento é "americanismo do autêntico", americanismo "sem retórica", e elogia, entre outras, a tradução do poema de Fernán Silva Valdés, assim como a do conto de Francisco Espínola Hijo. A nota trata de esclarecer: "A tradução em apresso é do nosso companheiro Vinicius de Moraes, a quem reverte o autorizado elogio."[31]

Esse *americanismo sem retórica* era, sem dúvida, o grande objetivo a ser alcançado pela equipe intelectual que concebia o jornal. Porém, os fins políticos justificavam os meios, e encontramos, na primeira página de julho de 1942, a foto de uma mulher loura empunhando uma bandeira dos Estados Unidos, onde vinha escrito: *US Army*. O texto, intitulado "Solidariedade", não se perde em retórica e defende:

"Por certo, é com a tradução de obras, com a divulgação de valores literários e científicos, com a comparação dos diferentes métodos de educação e de progresso intelectual, que essa consciência — de que somos todos 'americanos' — se tornará cada vez mais nítida."

As revistas ocupavam um espaço importante nesse processo: eram muitas e todos os indícios levam a crer que circulavam bastante, por todo o continente. Manuel Bandeira enviava a

Ribeiro Couto, durante suas missões diplomáticas na Europa, números da revista literária *Monterrey*, editada pelo então cônsul Alfonso Reyes, que também era colaborador da revista *Sur*, editada em Buenos Aires pela aristocrática Victoria Ocampo. *Sur* se converteu, ao longo dos seus 62 anos e 371 números de existência, em uma "máquina de traducir y de trasladar textos de un lugar de orígen a un lugar estranjero"[32] e recebeu colaborações de uma vasta lista de intelectuais latino-americanos como Jorge Luis Borges, José Ortega y Gasset, Adolfo Bioy Casares, Pedro Henríquez Ureña, Octavio Paz, Jules Supervielle, Eduardo Mallea, Waldo Frank, Oliverio Girondo, entre tantos outros. Em janeiro de 1943, o colunista Oscar Mendes noticia que *Sur* publicara um número especial sobre o Brasil onde constavam poemas de Ribeiro Couto, Augusto Frederico Schmidt, Mário de Andrade, Manuel Bandeira; contos de Jorge Amado e Rachel de Queiroz e crônicas de Rubem Fonseca e Marques Rebelo. Oscar Mendes critica o texto enviado por Vinicius de Moraes ("apenas aceitável") e repassa o pedido da matrona argentina para os escritores brasileiros "fornecerem os seus artigos principais". O trânsito era de mão dupla: não só temos notícias de recebimento de remessas de livros e revistas (como os livros venezuelanos ou as revistas colombianas enviadas por Jorge Latour, encarregado de negócios de Bogotá, em outubro de 1942) como também várias cartas de agradecimento testemunham que o suplemento era enviado a instituições de interesse.

A COOPERAÇÃO UNIVERSITÁRIA

O artigo "Atividades culturais de universidades sul-americanas", publicado em 27 de agosto de 1944, cita vários exemplos de revistas científicas, literárias ou de cultura geral publicadas por universidades de todo o continente. As universidades eram, sem dúvida, um centro importante de intercâmbio, alvo da maioria das medidas previstas nos acordos: "Bibliotecas populares, conferências de divulgação, publicações periódicas constituem os meios adequados pelos quais se processa a política cultural de extensão universitária".[33] Quando da visita do presidente paraguaio Higino Morínigo, em maio de 1943, um artigo lembra que "o número de bolsas de estudo, nas nossas universidades e escolas, para estudantes paraguaios é avultado e se cogita de aumentá-lo ainda mais, havendo, nesse sentido, o maior interesse do governo de Assunção, plenamente correspondido pelas autoridades de ensino no Brasil".[34] Também o acordo com a Bolívia previa a concessão de dez bolsas de estudos e ficamos sabendo, por meio de "Pensamento da América", que "ampliando o âmbito desse acordo, foram criadas bolsas suplementares para estudantes bolivianos na Escola de Minas, de Ouro Preto".

Além desse intercâmbio universitário, também havia outras instituições preocupadas com essa circulação intelectual. Em 1941, ainda em *A Manhã*, foi anunciado um projeto de intercâmbio universitário para "promover maior aproximação pan-americana entre os estudantes do Brasil e de todos os países irmãos". A idéia partia da Casa do Estudante do Brasil (CEB), instituição criada em 1929, com o apoio de Alfonso Reyes, e presidida por Ana Amélia de Mendonça. Em correspondência com o Instituto de Cultura Brasil—Chile, então presidido por Edmundo de Luz Pinto, o projeto foi apresentado ao Ministério das Relações Exteriores para aprovação de acordo com as resoluções da Conferência de Buenos Aires, de 1936, onde ficou estabelecido que cada país da América deveria enviar anualmente a cada outra república americana um professor e dois estudantes, sendo que o país que enviava bancaria a passagem e a estada do professor e o que recebia, as dos dois alunos. Segundo o artigo, "esse acordo foi ratificado por onze países, entre os quais o Brasil e em vários deles já se encontra a execução".[35] Os Institutos de Cultura também eram órgãos muito ativos, principalmente o do Uruguai.

"Instituição modelar no gênero, cumprindo lealmente as suas finalidades de fomentar e manter o intercâmbio cultural entre os dois países": é assim que o Instituto Uruguaio-Brasileiro, com sede em Montevidéu, é definido. O instituto mantém uma biblioteca "com cerca de 4.000 volumes" doada pelos governos do Brasil e do Uruguai, além de uma discoteca. Mas, sem dúvida, a principal atividade dessa organização eram seus cursos de língua portuguesa. Em 1945, eles mantinham cursos de "Formação de Professores, Extensão Universitária, Regulares e Especiais", todos gratuitos. Os números são impressionantes: entre agosto e dezembro de 1944, o artigo afirma que 5.300 alunos uruguaios foram atendidos nesses cursos, sendo 39 professores já diplomados e habilitados para ensinar português nos colégios uruguaios.[36] Em 1941, por iniciativa do presidente Alfredo Baldomir, havia sido enviado ao Parlamento uruguaio um projeto de lei tornando obrigatório o ensino da língua portuguesa nas escolas normais e secundárias do Uruguai.[37] Em 1943, quando o ministro Graça Aranha visitou Montevidéu, discutiu-se a possibilidade de incorporar, "de modo facultativo, o ensino do idioma português aos cursos secundários do Uruguai". Um artigo de julho de 1945 declara:

> Tal trabalho não resultou em inutilidade, por ter chegado, depois de quatro meses, a um término feliz e com a aprovação por parte do Conselho Geral de Ensino Secundário, da

incorporação aos programas dos liceus uruguaios do idioma português em caráter facultativo, como homenagem ao Brasil. Desse modo, a língua portuguesa vem facilitando o acesso à nossa juventude do magnífico acervo intelectual, científico e cultural que esse idioma representa.[38]

Sendo assim, urgia formar novos professores, como a senhora Angélica Larrobla de Muñoz. No Rio de Janeiro desde junho, a professora uruguaia veio ao Brasil a fim de realizar um estudo de aperfeiçoamento da língua portuguesa, utilizando-se, para isso, de uma bolsa de estudos que lhe foi oferecida pelo Ministério das Relações Exteriores do Brasil. Angélica pertenceu à primeira turma formada pelo Instituto de Montevidéu e, segundo o redator de "Pensamento da América" que a entrevistou, "ela não ofereceu menor dificuldade" no trato com a língua portuguesa. "Distinguida com a primeira bolsa que, neste setor, concede o Governo Brasileiro", Angélica compõe a recém-fundada Associação Uruguaia de Professores de Idioma Português que "pretende possuir uma boa biblioteca principalmente de obras didáticas", solicitando, para isso, remessas de livros, além de lutar para "conseguir do governo uruguaio a implantação do ensino de português nos ginásios daquele país". Até o momento da entrevista, 47 professores de português tinham sido formados pelo Instituto Uruguaio-Brasileiro.

Talvez menos organizados fossem os demais países, mas em praticamente todo o continente estavam ocorrendo iniciativas parecidas:

> Neste momento, no Paraguai, mantemos cerca de 10 professores, técnicos de educação e de puericultura, incumbidos aqueles do ensino da língua, da literatura e da história do

Brasil, de acordo com os decretos do governo paraguaio que estabeleceu essas disciplinas nos seus estudos secundários.[39]

Um nota, publicada em "Pensamento da América" em maio de 1942, diz que, "no Paraguai, por exemplo, o português foi introduzido recentemente nos programas das escolas primárias"[40] e complementa: "Seria desejável que o exemplo paraguaio fosse seguido nas demais repúblicas hispânicas das Américas." E assim foi.

Em 26 de novembro de 1942, o presidente Rafael Leônidas Trujillo dirigiu ao Congresso dominicano mensagem recomendando a adoção de uma lei estabelecendo a obrigatoriedade do ensino do português nas escolas dominicanas.[41] Na Guatemala, o escritório comercial do Brasil estabeleceu "cursos livres de português — inaugurado com grande êxito em maio passado".[42] Na Colômbia, Napoleão Agustín López, colaborador do suplemento, diz que freqüentava a Biblioteca Nacional de Bogotá "já como professor de um curso de português e de literatura brasileira".[43] No México, o secretário da embaixada do Brasil, Renato de Mendonça, abriu, durante os meses de verão, um curso de português que foi muito concorrido: "No primeiro dia de aula, havia só 5 alunos. Dentro de uma semana, passavam de 50."[44] O curso foi ministrado na Universidade Nacional Autônoma do México, e "além de iniciar os estudantes mexicanos (alguns eram até professores) em nosso idioma, Renato de Mendonça fez palestras a respeito da história e da literatura no Brasil".[45]

Até nos Estados Unidos, onde o federalismo brecava o "estudo recíproco de todas as línguas vivas das Américas",[46] notam-se algumas iniciativas: O dr. Charles Thomson, diretor da Divisão de Relações Culturais (cooperação intelectual) do Ministério do Exterior dos Estados Unidos, fez um "curso de férias de língua portuguesa, organizado em Laramie, Wyoming, no verão de 1941, por seu amigo dr. William Berrien". A notinha traz uma foto do exímio aluno e garante: "Agora, já lê e fala com fluência o nosso idioma."[47]

Outra instituição interessada no ensino de português era a Columbia University. Em carta endereçada ao Instituto Cultural Brasil—Estados Unidos, no Rio de Janeiro, a universidade "alude ao grande interesse que vem despertando nos Estados Unidos o estudo da língua portuguesa e de assuntos relativos ao Brasil" e solicita remessa de livros e publicações brasileiros. Em junho de 1944, uma nota intitulada "O idioma nacional nos Estados Unidos" diz:

> O ensino do nosso idioma nos Estados Unidos está tomando um excepcional incremento e diversos professores brasileiros estão dando cursos nas escolas e universidades americanas, com uma freqüência já muito auspiciosa. Numerosos técnicos, engenheiros, industriais e professores que desejam vir para o Brasil estão tomando cursos (...) que realizam com amor e tenacidade esse esforço de ensinar o nosso idioma aos estadunidenses, colaborando para a realidade integral da boa vizinhança.[48]

O Brasil também não ficava atrás e tentava "sair do terreno intuitivo do 'mais ou menos' e passar para o campo rigoroso da formação cultural": o ministério de Gustavo Capanema se propôs a exterminar o *portunhol*, decretando, pela Lei nº 4.244, de 9 de abril de 1942, a obrigatoriedade do ensino de espanhol, até então facultativo: "O curso de humanidades foi dividido em dois ciclos: o 'curso ginasial', em que as línguas vivas obrigatórias são o português, o francês e o inglês;

e, durante mais 3 anos, os cursos 'clássicos e científicos' (...). No curso clássico, as línguas vivas são o português, o francês ou inglês e o espanhol." A nota celebrava: "Como se vê, trata-se de um grande passo à frente que o Ministério da Educação, superiormente dirigido pelo sr. Gustavo Capanema, acaba de dar no terreno da cultura pan-americana da mocidade."[49]

AS TROCAS LITERÁRIAS

Todo esse esforço de construir uma *realidade integral da boa vizinhança* destaca-se, nesse momento, pela sua autonomia. Na medida em que o Brasil estabeleceu seus próprios laços com os países vizinhos, anulou-se a tradicional triangulação do Norte. Tanto os acordos bilaterais quanto a livre escolha da literatura a ser traduzida e publicada são sinais de independência no terreno internacional. Embora muitos contatos pessoais tenham sido feitos durante estâncias européias, cada vez mais a teia se expandiu dentro dos limites do continente: correspondências, visitas, conferências. Um excelente artigo de Brito Broca, publicado em dezembro de 1946, expõe com lucidez essa questão:

> Com a Guerra, em 1939, começa a restringir-se o comércio de livros franceses, para o qual sempre tivemos voltadas as nossas atenções. Desaparecem dos balcões das livrarias brasileiras as edições Flammarion, Plon, Grasset etc., substituídas pelas cartonagens vistosas e as capas ilustradas das belas e luxuosas edições americanas. Então, de um momento para outro, começamos a estudar a literatura ianque, cuja riqueza em determinados setores, como o ficcionismo, é

realmente notável. Os escritores brasileiros desviaram-se para esse setor.⁵⁰

Evidentemente, a mudança era lenta. Oscar Mendes alerta, dois anos antes, para o fato:

> Tem-se feito notar ultimamente a difusão entre nós, em grande escala, de livros americanos, especialmente os de origem chilena, argentina e mexicana. Mas reparando-se bem verifica-se que, na sua maior parte, são traduções de obras européias, suprindo a falta do livro francês e das traduções francesas que satisfaziam, antes da guerra atual, as nossas necessidades culturais. Os livros propriamente originais de escritores americanos são em proporções bem menores e nem sempre dos escritores melhores. Necessário se torna, portanto, que o leitor brasileiro venha a ter um conhecimento mais amplo e melhor dos valores intelectuais das Américas.⁵¹

Colunista de "Pensamento da América", Mendes, após essa observação, reitera a excelência do suplemento e sua originalidade, terminando com um apelo aos editores para que editem mais literatura americana. Seguindo ainda o artigo de Brito Broca, temos uma rápida análise das traduções argentinas no Brasil:

> Editado por Monteiro Lobato, tivemos o *Facundo* de Sarmiento em tradução portuguesa, o mesmo acontecendo com *Mal Metafísico* de Galvez, talvez o primeiro romance argentino vulgarizado no Brasil, em nosso idioma. Antes já havia surgido a *Glória de D. Ramiro*, de Enrique Larreta, mas essa novela foi um êxito essencialmente europeu, possuindo de argentina apenas a nacionalidade do autor.

Já era um início. Antes, a situação era pior. Brito Broca nos presta um valiosíssimo favor e historia a relação do Brasil com as letras do continente. José de Alencar, por exemplo, leu Fenimore Cooper, sendo "um dos primeiros brasileiros a entrar em contato com obras de confrades americanos". Sobre esse fato, Broca se pergunta:

> Alencar teria lido Cooper no original, em tradução portuguesa ou francesa? Eis um detalhe difícil de ser esclarecido, que muitos julgarão insignificante e possui alguma importância no caso. Não consta já estivessem as novelas de Cooper traduzidas ao português na mocidade de Alencar (...) [Mais tarde, aprendeu inglês por ter se casado com uma inglesa mas] na mocidade é quase certo que o ignorava. Mas sabia o francês — e aqui está o ponto significativo da questão: Cooper fora divulgado na Europa em tradução francesa e não é de estranhar houvesse chegado ao conhecimento de Alencar nesta língua. Pelo menos, teria sido a repercussão do romancista ianque no Velho Mundo o principal motivo de sua voga na América do Sul e, conseqüentemente, no Brasil.[52]

Essa triangulação voltaria a ocorrer com Longfellow e Edgar Allan Poe. Machado de Assis, por exemplo, autodidata em inglês, pudera ler *O corvo* em primeira mão. Mas na maioria dos casos, os Estados Unidos entravam no Brasil "pela mala da Europa".

Sobre os demais americanos, Broca aponta que foi só em 1916, com a *Revista do Brasil*, de São Paulo, que Argentina e Uruguai começaram a apontar no horizonte literário. E cita o papel-chave de um certo Benjamin Garay, "que mais fez pela divulgação dos brasileiros na Argentina que dos seus patrícios no Brasil".

O movimento modernista brasileiro, segundo Broca "muito confuso nos seus propósitos", inspirava-se nos "avanguardistas franceses, com qualquer coisa do futurismo de Marinetti e tingindo-se depois de um caráter nativista, desfrald[ando] também a bandeira do americanismo". E aponta o período entre 1924 e 1927 como chaves no projeto de integrar o Brasil no sentido do Novo Continente. O principal porta-voz dessa tendência fora "sem dúvida, Ronald de Carvalho, que chegou a escrever um belo livro de poemas intitulado *Toda a América*".[53]

Broca admite que, graças à guerra, avançou-se muito na aproximação com a literatura norte-americana:

> E as traduções proliferaram, atendendo, como era de se esperar, mais ao gosto do grande público do que a um critério superior de seleção. Houve quem nos desse a *Letra Escarlate* de Hawthorne e as obras completas de Poe, mas ninguém se lembrou ainda de oferecer-nos em português Henry James, Frank Norris, Garland, William Deans Howells. De qualquer forma — embora tenhamos insistido mais na atração popular do best-seller — estabeleceu-se entre nós e os Estados Unidos uma aproximação intelectual, tendendo para amplo conhecimento recíproco.[54]

Lamenta que isso ainda não acontecera com os demais países, elaborando mais uma queixa contra os "tropos literários" e oferecendo de imediato uma solução:

> O intercâmbio literário tem que sair do terreno das frases feitas para o das realidades. É preciso despertar no público o gosto pelos argentinos, uruguaios, chilenos, etc. E como fazê-lo? Dedicando-se os ensaístas e críticos brasileiros ao estudo e à vulgarização dos mesmos. Por um estranho desígnio, sendo

de reconhecida mediocridade, a maior parte do que vem se empenhando nessa tarefa, o efeito tem sido contraproducente. Não precisarei lembrar aqui os nomes dos que devem tomá-las nos ombros.[55]

Não sabemos sobre os ombros de quem recaíram tão duras críticas. O primeiro suspeito é, obviamente, o próprio "Pensamento da América", que, no momento da publicação desse artigo, já tinha percorrido uma estrada de mais de cinco anos. Brito Broca era um colaborador recente, entrara já na última fase, estreando em agosto de 1946. Traduziu um conto do argentino Pedro Blomberg e um artigo de Ricardo Giusti. Escreveu um artigo sobre Mark Twain e outro sobre Adolfo Caminha. Entrevistou Ricardo Rojas e Montiel Ballesteros. Sua melhor contribuição foi, sem dúvida, o artigo "O Brasil e as literaturas americanas — pontos de referências para um estudo", merecedor de uma primeira página em dezembro de 1946, ilustrado por uma foto de T.S. Eliot. Era a América tentando criar pernas para vulgarizar-se.

Na penúltima edição, de janeiro de 1948, Almeida Fischer, também novato no suplemento, dá a sua versão dos fatos:

> O intercâmbio cultural existente, no momento, entre os países hispano-americanos, entre si e o Brasil, embora sem ainda a intensidade que seria de se desejar, tem feito com que melhor se conheçam e mais perfeitamente se compreendam os povos deste continente. Hoje são familiares, em nosso país, os grandes nomes da literatura, das artes plásticas e da ciência destas Repúblicas que se encontram entrelaçadas umas às outras e ao Brasil, pela contingência geográfica e pelo parentesco, em primeiro grau, dos seus idiomas e raças. E, nesses

países, da mesma forma, são bastante conhecidos os nossos escritores, poetas, artistas e cientistas de maior evidência.[56]

Saltamos de oito a oitenta. Se "Pensamento da América" com suas 1.128 páginas consultadas é a prova de que a "reconhecida mediocridade" a que se refere Brito Broca não é pertinente, pelo menos não nesta iniciativa, por outro lado é exagero dizer que "são familiares" no Brasil os "grandes nomes" do continente. "Pensamento da América" foi um passo a caminho dessa integração. Nasceu por vontade política. Morreu por descaso político. Ao longo da vida, teve padrinhos e padrastos, esbarrou com uma e outra América. Aninhou-se na modernidade, flertou lá e cá com as vanguardas, manteve-se de mãos atadas com o passado romântico. Como jornal, informou-nos dos passos dados pela diplomacia brasileira, com ênfase na cooperação intelectual, seus frutos plantados e colhidos. Como documento, foi testemunha dos jogos políticos, das apostas, dos blefes, das sombras. Foi uma publicação múltipla, que conseguiu tecer os mais variados temas, tempos e temperos, tendo por denominador comum o enorme fio americano.

Mais uma vez, é Gabriela Mistral quem melhor encontra um meio-termo e deixo a ela o arremate final:

> Sucede que, nas livrarias, encontro um rapaz que pede livros em espanhol; um soldado petropolitano foi pedir-me uma novela chilena; à vezes encontro Manuel Bandeira em nosso Consulado Geral folheando volumes na biblioteca criada ali para o serviço de vossa cidade; em vários quiosques, várias capas de revistas argentinas e chilenas me piscam o olho e eu me detenho para verificar, para crer; em vossa biblioteca central ou nos corredores dos ministérios, uma frase em cas-

telhano me faz virar e vejo um mundo de bolsistas chilenos, paraguaios ou bolivianos.

Tudo isso significa que começou o degelo e que já desceu dos rios impávidos as águas vivas do falar, do cantar e do compreender-se, rindo-nos surpresos de que tínhamos, sem sabê-lo, duas vozes metidas no peito. E os dois regatos que começam a correr, não vêm divagar, senão em despenho vertical; e é esta a pressa dos que perderam tempo, dos demorados, dos arrependidos.[57]

Notas

1. *A Manhã*, 24/8/1941, grifo meu.
2. "PdA", 29/8/1943.
3. *A Manhã*, 2/7/1945
4. Esteves, 2006, p. 36-37.
5. Afonso Arinos Filho, em Costa e Silva, 2002, p. 320.
6. "A política brasileira de cooperação intelectual", em "PdA", 24/8/1943.
7. *Idem.*
8. *Idem.*
9. Não tenho as datas exatas de sua gestão, mas há menções ao seu cargo nesses dois anos.
10. Nem todos os textos dos acordos estavam disponíveis. O site do Itamaraty possui uma relação completa dos acordos e convênios assinados, mas minha análise recai sobre os documentos a que tive acesso, listados nos Anexos 2 e 3.
11. "PdA", 28/5/1944.
12. Trecho do convênio de intercâmbio cultural entre o Brasil e a Bolívia, de 23/6/1939.
13. Convênio intelectual entre o Brasil e a Argentina, de 10/10/1933.
14. Trecho do convênio artístico entre o Brasil e a Argentina, de 10/10/1933.
15. Apresentação de "Zamba-cueca, dansa nacional chilena", em "PdA", 25/7/1943.
16. Trecho do convênio cultural entre o Brasil e o Chile, de 18/11/1941.

17. "O nosso intercâmbio cultural com o Chile", em "PdA", 25/7/1943.
18. Nota-se que, embora sempre trouxessem uma nota de apresentação do autor, os artigos publicados quase nunca traziam a referência de onde tinham sido extraídos. O máximo que se dizia era "do livro de tal autor" ou "da revista enviada por tal pessoa".
19. "Primeira Feira do Livro na Guatemala", em "PdA", 28/10/1945.
20. *A Manhã*, 31/10/1945.
21. *A Manhã*, 5/7/1945.
22. "Intercâmbio cultural entre o Brasil e os países da América", em "PdA", 28/10/1945.
23. *Idem*, grifo meu.
24. "A sociedade Felipe de Oliveira e o pan-americanismo", em "PdA", 24/5/1942.
25. "Um grande divulgador da cultura brasileira", em "PdA", 25/1/1948. O autor do artigo, Almeida Fisher, não especifica a origem dessa publicação, mas supõe-se que seja do Uruguai, país de Figueira.
26. "PdA", 26/3/1944.
27. "PdA", 5/5/1946.
28. Bandeira, 1954, p. 118. Em seguida a essa declaração, o poeta se defende de um ataque feito na ocasião por Sérgio Milliet, que o acusava de "orgulho agressivo e indisfarçável vaidade".
29. "Traduções", em "PdA", 28/1/1945.
30. "PdA", 19/4/1942.
31. "PdA", 24/5/1942.
32. Sarlo, 2001, p. 140.
33. "PdA", 27/8/1944.
34. "PdA", 30/5/1943.
35. "Intercâmbio cultural universitário", em *A Manhã*, 12/9/1941.
36. "PdA", 27/5/1945.
37. *A Manhã*, 7/9/1941.
38. *A Manhã*, 5/7/1945.
39. "Morínigo no Brasil", em "PdA", 30/5/1943.
40. "PdA", 24/5/1942.

41. "PdA", 26/3/1944.
42. "PdA", 28/10/1945.
43. "PdA", 23/2/1947.
44. "PdA", 25/10/1942.
45. *Idem.*
46. "PdA", 24/5/1942.
47. "PdA", 24/5/1942.
48. "PdA", 18/6/1944.
49. "PdA", 24/5/1942.
50. "O Brasil e as literaturas americanas — pontos de referências para um estudo", em "PdA", 22/12/1946.
51. "PdA", 24/12/1944.
52. "O Brasil e as literaturas americanas — pontos de referências para um estudo", em "PdA", 22/12/1946.
53. *Idem.*
54. *Idem.*
55. *Idem.*
56. "Um grande divulgador da cultura brasileira", em "PdA", 25/1/1948.
57. "Espiritualidade chileno-brasileira: uma oração de Gabriela Mistral", em "PdA", 30/9/1945.

Considerações Finais
América aracnídea

Em abril de 1948, um mês depois da extinção de "Pensamento da América", a primeira página de *A Manhã* trazia os brados raivosos do chanceler panamenho Mario de Diego, em entrevista exclusiva à Associated Press: "Caso nenhuma delegação apresente projeto por uma ação coordenada contra o comunismo, o Panamá o fará."[1]

Com o fim dos anos 1940, chegara também ao fim a urgência do fomento de uma *americanidade*. Mais uma vez, o eixo das preocupações deslocava-se: agora, o que entrava em cena era o embate anticomunista. Não se podia mais clamar por uma união continental, desenhando a política pela geografia. O inimigo, antes germânico, agora estava na mesma latitude, ao sul da estratificação social. Os holofotes iriam todos para as lutas de classes que, na América Latina, foram especialmente complexas: revoluções, governos militares, muitas guerrilhas, novos heróis e mártires.

O projeto de "Pensamento da América" não se encaixava mais neste mundo e há muito perdera o sentido. Ao desinteresse político, uniu-se a decadência intelectual dos seus dois últimos anos. Mesmo se eventualmente trazia textos importantes, ou abordava assuntos inéditos, o suplemento passou a ter menos vida, se comparado aos anos férteis do panamericanismo. Antes, as idéias fervilhavam. Depois, se repetiam. Se o fim do Estado Novo significou mais liberdade de ação para os redatores, que puderam, por exemplo, falar de artistas antes malquistos, também significou menores esforços no sentido de reforçar uma teia de contatos que permitisse alimentar as páginas do jornal. Esse foi o grande mérito dos primeiros anos do suplemento: não só *o que* era publicado, mas *como* se davam as publicações: os acessos aos textos, os interesses pessoais dos redatores pela América, os projetos que decorriam paralelos e que eram divulgados pelo suplemento, enfim, o empenho de quem acredita num ideal e que tem nas mãos um instrumento farto de radiação desse ideal.

Para além desta "biografia" do suplemento, seus altos e baixos, sua íntima relação com o momento político internacional e nacional, seu conteúdo cultural, chamando atenção para *quem* tecia *qual* América, há um outro ponto, talvez o mais importante deste trabalho.

As muitas iniciativas práticas mencionadas — bolsas, publicações, exposições, concertos, trocas universitárias — apontam na direção de uma *formação de público* sem cair, no entanto, na banalidade da cultura de massas veiculada pela mídia norte-americana. A busca de uma identidade pan-americana levantou nomes que atendiam a certos interesses nacionais, brasileiros. E o grande desafio de Vargas e de sua equipe intelectual e diplomática foi fazer circular a americanidade por entre as nacionalidades, sem anulá-las, pelo contrário: reforçando-as pelo seu caráter continental.

Foi essa *brasilidade americanista* que se tentou compreender. As manobras políticas e intelectuais de que a equipe de governo teve que lançar mão para encaixar as mais diferentes metas, conciliando objetivos aparentemente díspares, mas no fim complementares, fizeram parte de um projeto brasileiro por excelência. Foi a vontade de erguer o Brasil que fez com que Getúlio Vargas incentivasse um posicionamento ufanista e, ao mesmo tempo, internacionalista.

Isso era possível porque esse internacionalismo era limitado — assim como o Brasil, possuía fronteiras bem nítidas. E Vargas sabia que, no interior dessas fronteiras, o Brasil ocupava um lugar privilegiado. E se impor frente aos vizinhos era uma forma de alimentar a auto-estima interna. Se do *pan-americanismo estadunidense* Vargas adotou os sorrisos simpáticos à boa vizinhança, não se pode dizer que tenha adotado o mesmo conteúdo. É claro que a cultura de massas norte-americana se fez presente no Brasil, cada vez com mais força. No entanto, a opção brasileira, quando lhe foi dada voz, passava longe do *glamour* dos balangandãs. Como vimos, a América que aqui interessava era a América da terra: o regionalismo, o nativismo, o modernismo *à la espanhola*, os brados nacionalistas de Mistral ou Whitman.

"Pensamento da América" foi fruto de um projeto de Estado coerente com uma conjuntura internacional específica. Para que o projeto desse certo, foram acionados determinados personagens que, por serem intelectuais de ponta no Brasil da época, guardavam certa autonomia nos seus cargos de funcionários públicos. Seu dever era apresentar aos brasileiros a modernidade alheia às vanguardas, embora vez ou outra essas vanguardas escapulissem lá e cá. Na plástica, na prosa, nos acordes e nos versos, tudo confluía para a consolidação de um projeto ideológico. Enquanto esse projeto fez sentido politicamente, seus dirigentes eram parte de uma enorme teia cultural que abrangia vários países do continente.

Na hora em que deixou de ser urgente, caiu em mãos periféricas, de intelectuais que da *terra* não sabiam muito. Foi seu fim.

Num momento em que os investimentos governamentais não deveriam recair sobre a cultura — no contexto da Guerra vários eventos regulares foram suspensos em vários países do mundo —, Vargas investiu pesado no viés cultural do seu governo. O Brasil necessitava mostrar e mostrar-se de forma culta: os brasileiros teriam acesso ao *panteão glorioso* do continente; e os americanos se veriam refletidos de forma digna e não caricatural dentro do *gigante sul-americano*. Era um pacto intelectual. Um pacto entre irmãos que se propunham a "descobrir os ritmos surpreendentes da América".

* * *

Mais de 65 anos se passaram desde a criação de "Pensamento da América", em agosto de 1941; 60 anos, desde seu fim, em fevereiro de 1948.

E, em março de 2007, ouvimos no noticiário nomes como Simón Bolívar e George Washington, e expressões como pan-americanismo, doutrina Monroe e Boa Vizinhança. O pretexto: uma visita do presidente norte-americano George W. Bush a cinco países do continente (Brasil, Uruguai, Colômbia, Guatemala e México), que desencadeou uma "contraturnê" do presidente venezuelano Hugo Chávez por países vizinhos (Argentina, Bolívia, Nicarágua, Jamaica e Haiti). E uma vez mais vem à tona o tema da integração das Américas.

Em fevereiro, Nicholas Burns, subsecretário de Assuntos Políticos do Departamento de Estado americano, anunciou a visita de Bush pelo continente, cunhando a expressão "pan-americanismo do século XXI". A visita, segundo ele, seria "um esforço deliberado, coordenado e diplomático para demonstrar que queremos uma boa relação com a América Latina".[2]

A imprensa, assim como vários intelectuais e analistas, enxergam essa viagem como uma reação ao governo esquerdo-populista do venezuelano Hugo Chávez.[3] A partir dos atentados de 11 de setembro de 2001, o foco da política externa americana recaiu sobre o Oriente Médio e sobre a "guerra contra o terror". De lá para cá, "o quintal dos fundos dos EUA se revestiu das cores da salsa", segundo imagem de Javier Santiso, economista-chefe da OCDE.[4] Para o jornal inglês *The Guardian*, após o 11 de Setembro os Estados Unidos negligenciaram o seu quintal, e isso "pode ter sido bem recebido por alguns", dando o exemplo da expansão de Chávez na região[5].

O curioso disso é que o que deveria ser uma trivial viagem protocolar do presidente dos Estados Unidos perto de um processo eleitoral, sob pressão dos democratas do Congresso para resgatar o mínimo de diálogo com o continente e floreada pelas recentes discussões do etanol com o governo brasileiro, acabou adquirindo um contorno político de bipolarização do continente.

No dia 6 de março, reportagem do *The Washington Post* afirma que Bush está lançando uma "nova campanha para competir com Chávez pelos corações e mentes latinos".[6] O Prêmio Nobel de Economia Joseph Stiglitz, em entrevista à *Folha de S.Paulo*, concorda: "Bush deve ter percebido que está perdendo a batalha para conquistar corações e mentes do planeta. E isso é mais visível na América Latina".[7] E o *The Independent*, da Inglaterra, lança a manchete "Bush e Chávez fazem viagens rivais em tentativa de ganhar corações e mentes dos latino-americanos".[8]

Guardados os devidos exageros pelo uso da expressão eternizada pelo documentarista Peter Davis ao se referir à Guerra do Vietnã, chama a atenção ouvir falar nesse tipo de batalha "por corações e mentes" em pleno século XXI. Aliás, os olhares sobre a viagem de Bush parecem retroceder no tempo e não faltam comparações entre o hoje e o que já foi.

No discurso inicial de sua viagem, Bush alertou que "uma vizinhança transparente levará a uma vizinhança pacífica" e seguiu com a provocação ao comparar Simón Bolívar e George Washington, ambos personagens-chave na história das Américas e figurinhas corriqueiras nas páginas de "Pensamento da América". Bush finalizava seu discurso bradando: "Como nem Washington nem Bolívar tiveram filhos, nós, os americanos, devemos chamar a nós mesmos de seus filhos."[9]

É claro que Hugo Chávez vestiu a carapuça e pregou a sua versão da história. Reagiu à comparação descabida ("O imperialismo teve o atrevimento de comparar Bolívar com Washington. Haja heresia e ignorância!"), chamou Bush de Cristóvão Colombo "descobrindo agora a miséria da América" e revidou, comparando a ajuda pretendida por Bush para a América Latina a uma "vulgar reciclagem da Aliança para o Progresso" de 1960. Para terminar sua sabatina histórica, atualizou a doutrina Monroe: "A América do Norte para os norte-americanos e a América do Sul para os sul-americanos."[10]

Deixando de lado o maniqueísmo apaixonado de ambos os líderes, alguns jornalistas e intelectuais também analisaram a situação à luz de experiências passadas. O site de notícias português *Euronews* anunciou como "missão quase impossível" de Bush o resgate da "Boa Vizinhança" no continente.[11] Greg Grandin, historiador da Universidade de Nova York, lembrou que na política da Boa Vizinhança dos anos 1930 e 1940 os Estados Unidos fizeram "concessões reais", enquanto que hoje há "sinalizações fracas, sem lances contundentes e resultados concretos".[12] Carlos Heitor Cony foi um pouco mais otimista e apontou, também no passado, possíveis ganhos para o Brasil, se souber capitalizar a situação em seu favor como fez Getúlio:

> [Lula] pode e deve ser considerado um "friend" [por Bush], tal como Roosevelt considerava Vargas, chamando-o de "my friend Vargas".
>
> E foram realmente amigos: Vargas cedeu a Roosevelt a base militar de Natal para abastecer os exércitos aliados que lutavam no norte da África contra os tanques nazistas. E Roosevelt colocou a construção da usina de Volta Redonda entre as prioridades do esforço de guerra que os Estados Unidos atravessavam.
>
> Da amizade dos dois líderes resultaram benefícios concretos para os dois países. Donde se conclui que um abraço pode mudar a história, mesmo que seja na base do toma lá e dá cá.[13]

A jornalista Tereza Cruvinel, em sua coluna n'*O Globo*, fez a seguinte análise da situação:

> Ainda que a visita de George Bush tenha apenas o objetivo de neutralizar, com uma nova atenção à América Latina, a expansão do "bolivarianismo" de Hugo Chávez, o Itamaraty vê nela, e no momento atual das relações Brasil—EUA, *uma chance comparável à dos anos 40*, quando Getúlio Vargas, explorando as contradições da II Guerra, obteve a ajuda de Roosevelt para implantar a siderúrgica de Volta Redonda, base da industrialização.
>
> (...)
>
> A visita de Bush significa também, para o Itamaraty, uma afirmação da relevância internacional do Brasil. (...) Mas para

um Brasil empenhado em ser *o protagonista impulsionador da integração sul-americana*, a visita pode deixar seqüelas na relação com a vizinhança.[14]

Parece excessivo comparar a bipolarização dos anos 1940 entre os Estados Unidos de Roosevelt e a Alemanha de Hitler com os governos de Bush e Chávez (aliás, segundo Clovis Rossi, "nessa disputa pelos corações dos latino-americanos ambos perdem". Uma pesquisa recente mostra que, "na sub-região, tanto Bush quanto Chávez são reprovados e obtêm a mesma média: 4,6!".)[15] Mas vários analistas, não só os brasileiros, apontam que o Brasil ocupa, hoje, esse papel de "protagonista impulsionador da integração sul-americana".

Michel Shifter, vice-presidente do Diálogo Interamericano e professor de relações internacionais na Universidade de Georgetown, escreveu um relatório intitulado *Hugo Chávez: um teste para a política americana*. Nele, defende que os Estados Unidos apóiem o Brasil, "um país moderado", na sua "busca por liderança regional e global".[16] E a intelectual argentina Beatriz Sarlo avalia que, apesar do descaso norte-americano em relação à América Latina, o Brasil é um país "que os EUA jamais perderão de vista". E conclui: "O destino de países como a Argentina e o Uruguai depende, portanto, da relação com o Brasil e o que acontece com o Brasil".[17]

Getúlio deve estar regozijando, seja lá onde estiver. E assiste de camarote a mais uma tentativa de integração das Américas. O Mercosul é o instrumento da vez. O presidente Lula, em seu segundo mandato, aponta o bloco sul-americano como prioridade de seu governo e afirma que "nunca existiu clima político tão propício para a integração", clamando por medidas concretas e inovadoras.[18]

Para Celso Amorim, ministro das Relações Exteriores do governo Lula, o Mercosul é "o grande bloco da América do Sul", e é esta a grande porção de terra a ser integrada hoje. Não se fala mais de *uma* América, como nos anos 1940, nem de América Latina, termo que entrou na moda nos anos 1960/70 para diferençar os países de língua latina dos Estados Unidos. O presidente Lula afirma, com uma lógica semelhante à de Getúlio: "Os países da região devem continuar construindo uma *identidade sul-americana* que complemente e reafirme as *identidades nacionais*."[19]

E está fechado o círculo. Que ele sirva de estímulo aos novos atores culturais, para que pensem que ainda hoje há muito por descobrir. A cultura dos países vizinhos ainda nos é alheia, os preconceitos ainda existem. E, no entanto, basta voltar os olhos e enxergar, para além dos clichês do típico e do folclórico, um mundo especialmente criativo e dinâmico. Mais do que um retorno ao passado, fica tecido aqui um convite à construção de novas teias: sedutoras, frescas e contemporâneas.

Notas

1. "Participação ativa de todos os países do hemisfério", em *A Manhã*, 1/4/1948.
2. "Para EUA, visita de Bush intensifica 'relação privilegiada'", publicado em *O Estado de S. Paulo* <http://www.estadao.com.br/ultimas/nacional/noticias/2007/fev/13/371.htm> (13/2/2007), acesso em (12/3/2007).
3. A imprensa é unânime nesse sentido. Para a *Folha de S.Paulo* (6/3/2007), a viagem é "a investida mais direta contra os recentes avanços de Chávez na América Latina". O *New York Times* (6/3/2007) avalia que a razão da visita é "a crescente onda esquerdista e antiamericana na política regional, liderada por Chávez". O francês *Le Monde* (8/3/2007) chama a viagem de "turnê anti-Chávez" e o jornal cubano *Granma* (5/3/2007) acusa Bush de "cumprir uma agenda velha e com fórmulas condicionadas para reverter a maré de mudanças no continente".
4. Santiso, Javier. "O quintal agitado dos EUA", publicado em *Valor Econômico* (9/3/2007).
5. "Para jornal britânico, Bush visita 'quintal negligenciado'", publicado no site da BBC Brasil <http://www.bbc.co.uk/portuguese/reporterbbc/story/2007/03/070309_pressreview2.shtml>, (9/3/2007), acesso em 9/3/2007.
6. "Bush compete com Chávez por 'corações e mentes' latinos, diz jornal", publicado no site da BBC Brasil <http://www.bbc.co.uk/portuguese/reporterbbc/story/2007/03/070306_pressreview.shtml>, (6/3/2007), acesso em 6/3/2007.

7. Dias, Roberto, "Preocupação política, e não álcool, traz Bush ao país, afirma Stiglitz", publicado na *Folha de S.Paulo*, (9/3/2007).
8. "Para jornal britânico, Bush visita 'quintal negligenciado'", publicado no site da BBC Brasil <http://www.bbc.co.uk/portuguese/reporterbbc/story/2007/03/070309_pressreview2.shtml> (9/3/2007), acesso em 9/3/2007.
9. Garcez, Bruno, "Bush anuncia pacote de ajuda para América Latina", publicado no site da BBC Brasil <http://www.bbc.co.uk/portuguese/reporterbbc/story/2007/03/070305_visitabushbg.shtml> (5/3/2007), acesso em <http://www.euronews.net/index.php?page=info&article=410343&lng=6> (6/3/2007).
10. "Chávez faz marcação cerrada sobre Bush e ganha pontos", publicado na Agência Carta Maior <http://agenciacartamaior.uol.com.br/templates/materiaMostrar.cfm?materia_id=13688> (11/3/2007), acesso em 11/3/2007.
11. "Bush de visita à América Latina para recuperar boa vizinhança", publicado no site Euronews <http://www.euronews.net/index.php?page=info&article=410343&lng=6> (8/3/2007), acesso em 9/3/2007.
12. Godoy, Denise, "Bush não tem muito a oferecer, diz historiador", publicado na *Folha de S.Paulo* (12/3/2007).
13. Cony, Carlos Heitor, "Aquele abraço", publicado na *Folha de S. Paulo* (16/3/2007).
14. Cruvinel, Tereza, "Lula, Bush e a vizinhança", publicado em *O Globo* (9/3/2007), grifo meu.
15. Dados da agência Latinobarómetro, em Rossi, Clovis, "Bush indica, em reunião com Lula, que vai minimizar ações do venezuelano", publicado na *Folha de S.Paulo* (11/3/2007).
16. "Relatório sugere apoio a Brasil em Doha contra Chávez", publicado na *Folha de S.Paulo* (9/3/2007).
17. Colombo, Sylvia. "Para intelectual argentina, presidente não é capaz de compreender importância da integração da região", publicado na *Folha de S.Paulo* (20/12/2004).

18. "Lula defende crescente integração de blocos da América do Sul", publicado na *Folha Online* <http://www1.folha.uol.com.br/folha/brasil/ult96u88788.shtml> (19/1/2007), acesso em 5/3/2007.
19. "Lula defende crescente integração de blocos da América do Sul", publicado na *Folha Online* <http://www1.folha.uol.com.br/folha/brasil/ult96u88788.shtml> (19/1/2007), acesso em 5/3/2007.

Bibliografia

Accioly, Hildebrando. *Raízes ou causas históricas do panamericanismo*. Rio de Janeiro: Ministério das Relações Exteriores, 1953.

Ades, Dawn. *Arte na América Latina*. São Paulo: Cosac & Naify, 1997.

Amâncio, Tunico. *O Brasil dos gringos: imagens no cinema*. Niterói: Intertexto, 2000.

Anaya, Jorge López. *História del arte argentino*. Buenos Aires: Emecé Editores, 1997.

Antelo, Raul. *Na ilha de Marapata: Mário de Andrade e os hispano-americanos*. São Paulo: Hucitec, 1986.

Augusto, Sérgio. *Esse mundo é um pandeiro: a chanchada de Getúlio a JK*. São Paulo: Companhia das Letras, 2001.

Ayala Blanco, Jorge. *La aventura del cine mexicano*. México: Ediciones Era, 1968.

——. *La condición del cine mexicano*. México: Editorial Posada, 1986.

Bandeira Manuel. *Literatura hispano-americana*. Rio de Janeiro: Pongetti, 1949.

Bandeira, Manuel (org.). *Antologia dos poetas brasileiros: Poesia da fase moderna*. Vol. 1. Rio de Janeiro: Nova Fronteira, 1996.

Bandeira, Manuel. *Estrela da vida inteira*. Rio de Janeiro: José Olympio, 1966.

Bauman, Zygmunt. *Modernidade e holocausto*. Rio de Janeiro: Jorge Zahar Ed., 1998.

Bayón, Damián (org.). *América Latina en sus artes*. México: Siglo Veintiuno Editores, 1974.

Beluzzo, Ana Maria (org.). *Modernidade: vanguardas artísticas na América Latina*. São Paulo: Memorial-Unesp, 1990.

Bezerra de Freitas. *Fisionomia e estrutura do Estado Novo*. Rio de Janeiro: Irmãos Pongetti, 1941.

Bomeny, Helena. *Constelação Capanema: intelectuais e políticas*. Rio de Janeiro: FGV, 2001.

Borges, Jorge Luis. *Obras completas*. São Paulo: Ed. Globo, 1998.

Bosi, Alfredo. *História concisa da literatura brasileira*. São Paulo: Cultrix, 1978.

Bulhões, Maria Amélia; Kern, Maria Lúcia. *América Latina: territorialidades e práticas artísticas*. Porto Alegre: Editora da UFRGS, 2002.

Campos, Haroldo de. *Ruptura dos gêneros na literatura latino-americana*. São Paulo: Ed. Perspectiva, 1977.

Campuzano, Luisa; Fornet, Ambrosio. *La Revista Casa de las Américas: un proyecto continental*. La Habana: Centro de Investigación y Desarrollo de la Cultura Cubana Juan Marinello, 1997.

Canclini, Néstor García. *Culturas híbridas: estratégias para entrar e sair da modernidade*. São Paulo: Edusp, 2000.

Carpentier, Alejo. *Crónicas*. Tomo 1. La Habana: Editorial Arte y Cultura, 1975.

Corsi, Francisco Luiz. *Estado Novo: política externa e projeto nacional*. São Paulo: Unesp, 2000.

Cosío Villegas, Daniel [et al.]. *História mínima de México*. México: El Colégio de México, 1994.

Costa e Silva, Alberto (org). *O Itamaraty na cultura brasileira*. Rio de Janeiro: Francisco Alves, 2002.

Coutinho, Afrânio. *Introdução à literatura no Brasil*. Rio de Janeiro: Livraria São José, 1968.

Duroselle, Jean-Baptiste. *Histoire diplomatique de 1919 à nos jours*. Paris: Dalloz, 1993.

Ellison, Fred. *Alfonso Reyes e o Brasil: um mexicano entre os cariocas*. Rio de Janeiro: Topbooks, 2002.

Esteves, Bernardo. *Domingo é dia de ciência*. Rio de Janeiro: Azougue Editorial, 2006.

Freyre, Gilberto. *O brasileiro entre os outros hispanos: afinidades, contrastes e possíveis futuros nas suas inter-relações*. Rio de Janeiro: José Olympio, 1975.

Galeano, Eduardo. *O século do vento*. Rio de Janeiro: Nova Fronteira, 1998.

Galindo, Alejandro. *El cine mexicano*. México: Edamex, 1985.

Gambini, Roberto. *O duplo jogo de Getúlio Vargas: influência americana e alemã no Estado Novo*. São Paulo: Ed. Símbolo, 1977.

Gombrich, E. *A história da arte*. Rio de Janeiro: Ed. Guanabara Koogan, 1993.

Gomes, Ângela de Castro. *Essa gente do Rio: modernismo e nacionalismo*. Rio de Janeiro: FGV, 1999.

——. *História e historiadores: a política cultural do Estado Novo*. Rio de Janeiro: FGV, 1996.

Gómez Luque, José María. *Antología de la poesia hispanoamericana*. Madri: Editorial Alba, 1998.

Gradowczyk, Mario. *Xul e Borges: a linguagem de dois gumes*. Coleção Marta Traba. São Paulo: Memorial da América Latina, 2001.

Hernández, José. *Martín Fierro*. Buenos Aires: Grupo Editor Altamira, 1999.

Jozef, Bella. *História da literatura hispano-americana: das origens à atualidade*. Petrópolis: Vozes, 1971.

Lima, Lezama. *A expressão americana*. São Paulo: Ed. Brasiliense, 1988.

Lobo, Helio. *O panamericanismo e o Brasil*. São Paulo: Cia. Editora Nacional, 1939.

Manigat, Leslie. *L'Amérique latine au XXe siècle (1889-1929)*. Paris: Ed. Seuil, 1991.

Matthieu, Gilles. *Une ambition sud-américaine: politique culturelle de la France (1914-1940)*.

Meireles, Cecília. *Cecília e Mário*. Rio de Janeiro: Nova Fronteira, 1996.

Miceli, Sérgio. *Intelectuais e classe dirigente no Brasil (1920-1945)*. São Paulo / Rio de Janeiro: DIFEL, 1979.

Mistral, Gabriela. *Poesias escolhidas*. Rio de Janeiro: Ed. Opera Mundi, 1973.

Monegal, Emir. *Mário de Andrade e Borges: um diálogo nos anos 20*. São Paulo: Perspectiva, 1978.

Monte Arrais. *O Estado Novo e suas diretrizes — Estudos políticos e constitucionais*. Rio de Janeiro: José Olympio Ed., 1938.

Montezuma de Carvalho, Joaquim (org.). *Panorama das literaturas das Américas*. Luanda: Edição do município de Nova Lisboa, 1958. 4 volumes.

Morales, Ernesto. *Antologia de poetas americanos*. Buenos Aires: Santiago Rueda Editor, 1941.

Moreira, Luiza Franco. *Meninos, poetas e heróis: aspectos de Cassiano Ricardo do modernismo ao Estado Novo*. São Paulo: Edusp, 2001.

Moreiras, Alberto. *A exaustão da diferença: a política dos estudos culturais latino-americanos*. Belo Horizonte: UFMG, 2001.

Moura, Gerson. *Autonomia na dependência: a política externa brasileira de 1935 a 1942*. Rio de Janeiro: Nova Fronteira, 1980.

——. *Estados Unidos e América Latina*. Coleção Repensando a História. São Paulo: Contexto, 1990.

——. *Tio Sam chega ao Brasil: a penetração cultural americana*. São Paulo: Brasiliense, 1991.

Oliveira Lima. *Panamericanismo (Monroe-Bolivar-Roosevelt)*. Rio de Janeiro /Paris: H. Garnier, 1907.

Oliveira, Lucia Lippi. *Estado Novo: ideologia e poder*. Rio de Janeiro: Zahar, 1982.

Palma, Ricardo. *Tradiciones peruanas*. La Habana: Instituto Cubano del Libro, 1971.

Pandolfi, Dulce (org.). *Repensando o Estado Novo*. Rio de Janeiro: FGV, 1999.

Pécaut, Daniel. *Os intelectuais e a política no Brasil*. São Paulo: Ed. Ática, 1990.

Pizarro, Ana. *América Latina: palavra, literatura e cultura*. Vol. 3 — Vanguarda e Modernidade. São Paulo: Memorial, 1995.

Prado, Eduardo. *A ilusão americana*. São Paulo: Escola Typographica Salesiana, 1902.

Reichel, Peter. *La Fascination du nazisme*. Paris: Ed. Odile Jacob, 1993.

Retamar, Roberto Fernández. *Concierto para la mano izquierda*. Coleção ExtremAmérica, cuadernos casa 39. La Habana: Casa de las Américas, 2000.

Ribeiro Couto, Rui. *Dois retratos de Manuel Bandeira*. Rio de Janeiro: Livraria São José, 1960.

Ribeiro, Edgar Telles. *Diplomacia cultural: seu papel na política externa brasileira*. Brasília: IPRI, 1989.

Ricardo, Cassiano. *Marcha para o Oeste: a influência da "bandeira" na formação social e política do Brasil*. 1942.

Sarlo, Beatriz. *La máquina cultural: maestras, traductores y vanguardistas*. La Habana, Casa de las Américas, 2001.

Schwartz, Jorge. *Vanguarda e cosmopolitismo na década de 20: Oliverio Girondo e Oswald de Andrade*. São Paulo: Perspectiva, 1983.

——. *Vanguardas latino-americanas*. São Paulo: Iluminuras/Edusp/Fapesp, 1995.

Schwartzman, Simon; e Bomeny, Helena. *Tempos de Capanema*. São Paulo: Paz e Terra/FGV, 2000.

Sevcenko, Nicolau. *Orfeu extático na metrópole: São Paulo, sociedade e cultura nos frementes anos 20*. São Paulo: Companhia das Letras, 2000.

Silva, Helio. *1942: Guerra no continente*. Rio de Janeiro: Civilização Brasileira, 1972.

Stegagno-Picchio, Luciana. *História da literatura brasileira*. Rio de Janeiro: Nova Aguilar, 1997.

Tota, Antonio Pedro. *Capitalismo sedutor: a americanização do Brasil na época da 2ª Guerra Mundial*. São Paulo: Companhia das Letras, 2000.

Traba, Marta. *Arte em duas sociedades: Colômbia e Venezuela*. Coleção Marta Traba. São Paulo: Memorial da América Latina, 2000.

Três conferências sobre cultura hispano-americana: Manuel Bandeira; Augusto Tamayo Vargas e Cecília Meireles. Ministério da Educação e Cultura, 1959.

Ureña, Pedro Henríquez. *História de la Cultura en la América Hispánica*. La Habana: Editorial Gente Nueva, 1979.

Velloso, Monica Pimenta. *A brasilidade verde-amarela: nacionalismo e regionalismo paulista*. Rio de Janeiro: FGV, 1987b.

——. *Modernismo no Rio de Janeiro: tribunas e quixotes*. Rio de Janeiro: FGV, 1996c.

——. *O mito da originalidade brasileira: a trajetória intelectual de Cassiano Ricardo (dos anos 20 ao Estado Novo)*. Dissertação de mestrado apresentada no Departamento de Filosofia da PUC-RJ, 1983.

——. *Os intelectuais e a política cultural do Estado Novo*. Rio de Janeiro: FGV, 1987a.

Whitman, Walt. *Hojas de Hierba*. Barcelona: Edicomunicación, 1984.
Zanotto Manfio, Diléa (org.). *Mário de Andrade: poesias completas*. Belo Horizonte: Villa Rica, 1993.
Zilio, Carlos. *A Querela do Brasil: a questão da identidade na arte brasileira (1922-1945)*. Rio de Janeiro: Funarte, 1982.

Fontes

"Pensamento da América" (PdA). Coleção Plynio Doyle, Biblioteca da Casa de Rui Barbosa.
A Manhã. Seção de periódicos da Biblioteca Nacional.
Acordos bilaterais do Ministério das Relações Exteriores. Arquivo do Palácio do Itamaraty.

Bibliotecas e arquivos consultados

Biblioteca Casa de Rui Barbosa
Biblioteca Nacional
Arquivo do Palácio do Itamaraty
Biblioteca da Academia Brasileira de Letras
Biblioteca IFCS/UFRJ
Biblioteca PUC-RJ
Biblioteca Centro Cultural Banco do Brasil
Mediathèque Maison de France

ANEXOS

ANEXO 1
Primeiras páginas – "Pensamento da América" 1942-1948*
Quadro dividido em Data/Manchete/Notas

22 JAN 42	A cooperação das Américas	Texto de Getúlio Vargas sobre a paz e união nas Américas
	O Estado Novo e o panamericanismo	Texto de Cassiano Ricardo
22 FEV 42	A solidariedade e a compreensão entre as Américas	Discurso de Oswaldo Aranha no encerramento da conferência do RJ
22 MAR 42	O campeão das Américas	4 anos de Oswaldo Aranha no Min. Rel. Ext.
19 ABR 42	O americanismo do presidente Getúlio Vargas	Texto do capitão Severino Sombra comemorando o aniversário de Getúlio
24 MAI 42	Waldo Frank	Sobre a visita de Waldo Frank a mando do OCIAA
21 JUN 42	Felipe de Oliveira e o "Canto da América"	Sobre o caráter pan-americanista da obra de Felipe de Oliveira e de Ronald de Carvalho
26 JUL 42	Solidariedade	Mulher loura com bandeira americana e US Army. Sobre o ataque a Pearl Harbour
30 AGO 42	∅	Foto de Getúlio Vargas com legenda
27 SET 42	Apresentação de um tema continental	Número especial sobre negros. Apresentação de Ribeiro Couto

(*cont.*)

*Não estão incluídas as páginas semanais de 1941.

25 OUT 42	Washington	Biografia de George Washington, por Carneiro Leão
29 NOV 42	Sangue americano: o índio	Número especial sobre índios. Apresentação de Ribeiro Couto
20 DEZ 42	Fuga de Natal	Poema em prosa de Alfonso Reyes, escrito em 1923, em Madri
31 JAN 43	∅	Foto do Palácio de La Moneda e matéria não assinada sobre o rompimento do Chile com o Eixo, em 20/01/43
28 FEV 43	Fisionomia e destino de Buenos Aires	Foto de vista aérea de BsAs, matéria sobre a cidade, por Julio Rinaldini
28 MAR 43	Desabrochar duma cultura norte-americana	Texto de Frederik Lewis Allen
	O porto de Nova York	Gravura de Glitemkamp
25 ABR 43	Jefferson	Sobre o autor da Declaração da Independência dos Estados Unidos
30 MAI 43	A expressão do pan-americanismo	Reafirma a soberania nacional, mas defende o continente. Não assinado
20 JUN 43	Os bolivianos – bons vizinhos e bons amigos	Sobre a visita que o presidente boliviano Enrique Peñaranda fez ao Brasil
25 JUL 43	O Brasil, os Estados Unidos e o monroismo	"famoso artigo do Barão do Rio Branco – um alto e valioso documento da nossa história diplomática"

(*cont.*)

29 AGO 43	A política brasileira de cooperação intelectual	Cooperação intelectual nos objetivos da política internacional do Brasil
26 SET 43	Glorificação de Rio Branco	Sobre a inauguração do monumento em homenagem ao Barão de Rio Branco
31 OUT 43	A América na reconstrução do mundo	Sobre o papel da América no planeta. Com ilustração de Cristóvão Colombo
28 NOV 43	A fidelidade brasileira aos ideais americanos	Justificativa da entrada do Brasil na Guerra. Foto de Getúlio com Roosevelt
19 DEZ 43	O problema do Novo Mundo	Texto de Archibald McLeish sobre a submissão da América à Europa
30 JAN 44	O Itamarati e a tradição brasileira	Sobre o papel do Itamaraty na história do Brasil
27 FEV 44	A independência da República Dominicana – 100 anos	Homenagem à República Dominicana, com enorme retrato do presidente Rafael Leônidas Molina
26 MAR 44	O Brasil, a sua geografia, a sua ação e a sua inteligência, através da palavra do chanceler da Colômbia	Entrevista do sr. Carlos Lozano y Lozano, chanceler da Colômbia, a um jornalista colombiano, sobre o Brasil. Publicada na revista da Embaixada da Colômbia em Quito
30 ABR 44	A literatura nos Estados Unidos em 1944	Artigo de Morton Dauwen Zabel, professor de literatura norte-americana na Universidade do Brasil

(*cont.*)

28 MAI 44	Soldado do Brasil, defensor da América	Sobre a ida da FEB à Itália
18 JUN 44	Deus abençoe a América	Prece de Roosevelt na hora da liberação
04 JUL 44	George Washington	Desenho de página inteira de George Washington
27 AGO 44	Eisenhower, o chefe americano da cruzada de libertação da Europa	Retrato de página inteira do Eisenhower fardado
24 SET 44	Segunda Reunião Pan-americana de Consulta sobre Geografia e Cartografia	
29 OUT 44	Embaixador da música brasileira	Sobre Villa-Lobos e sua turnê pela América Latina
26 NOV 44	Minha viagem ao Chile	Sobre a viagem que Renato Almeida fez ao Chile, a convite do governo chileno
24 DEZ 44	Os sinos tocam em toda a América	Celebração de Natal nas três Américas
28 JAN 45	A conferência interamericana do México	Conferência que se dará em fevereiro, convocada pelo governo mexicano para para discutir esforços bélicos para a vitória
25 FEV 45	O Brasil e a América	Sobre a visita do secretário de Estado norte-americano ao Brasil (Stettinius)
25 MAR 45	A ata de Chapultepec	Íntegra do documento, resultado da Conferência do México, com foto de Leão Veloso
29 ABR 45	Barão do Rio Branco	Ilustração de página inteira do Barão. Número dedicado a ele

(cont.)

27 MAI 45	América vitoriosa	Vitória dos aliados na Segunda Guerra Mundial e morte do Roosevelt
24 JUN 45	América	Texto de Raul Bopp. Homenagem à chegada de Colombo (foto de criança loira)
JUL 45	∅	∅
26 AGO 45	O Brasil na Conferência de São Francisco	Conferência do chanceler Leão Veloso no Pen Club
30 SET 45	Afirmação da América	Sobre a Conferência Interamericana para a Manutenção da Paz no Continente (intento de manter vivo o pan-americanismo, ameaçado por "forças extracontinentais")
28 OUT 45	IV Assembléia do Instituto Pan-americano de Geografia e História	Convocatória para o encontro em Caracas
25 NOV 45	Gabriela Mistral e a América	Vencedora do Prêmio Nobel de Literatura
	A propósito da crítica literária em USA	Artigo de Jorge de Lima
30 DEZ 45	O Brasil e a organização da paz	Participação do Brasil na Conferência da Paz, em Londres
	A Democracia na América Latina	Luis Terán Gómez (escritor boliviano escreve sobre a "necessidade dos partidos políticos"). Tradução: Acácio França
JAN 46	∅	∅
FEV 46	∅	∅

(*cont.*)

MAR 46	∅	∅
07 ABR 46	Joaquim Nabuco em Roma	Texto de Jorge d'Escragnolle Taunay, com fac-símile de telegrama de Rio Branco a Nabuco
05 MAI 46	Algumas considerações gerais sobre a poesia norte-americana	Texto de William Carlos Williams
02 JUN 46	A função social do poeta	Texto de T.S. Eliot
07 JUL 46	Introdução à história do Canadá	Texto de Gustave Lanctot
06 AGO 46	Um romance do Canadá (sobre *Two Solitudes*)	De Hugh Mac Lennon, por Adonias Filho
01 SET 46	Edgar Poe	Por Lucio Cardoso. Foto enorme do monumento a Poe em Baltimore
29 SET 46	Literatura norte-americana	Por Jorge de Lima. Reprodução de pintura de Siqueiros
27 OUT 46	Um clássico da literatura brasileira	Texto do argentino Francisco Ayala. Sobre *Memórias de um sargento de milícias*, de Manoel Antonio de Almeida. Com ilustração de meia página de baixo-relevo asteca
24 NOV 46	Razões estéticas da arte americana	Efrain Tomás Bó discorre sobre arte pré-colombiana
22 DEZ 46	O Brasil e as literaturas americanas – pontos de referência para um estudo	Artigo de Brito Broca sobre o conhecimento dos brasileiros da literatura norte-americana. Foto de J.S. Elliot.

(*cont.*)

26 JAN 47	O existencialismo e o Brasil	Esclarecimento sobre a literatura de Sartre, por Silvio Elias
23 FEV 47	Introdução à geografia do Canadá	Por Pierre Dansereau
23 MAR 47	Os índios da província do Brasil	Texto de Joseph de Anchieta, de 1585, com desenhos de Rugendas
20 ABR 47	Um olhar sobre a cultura	Artigo do argentino Eduardo Mallea, com foto de pirâmide mexicana
18 MAI 47	Igreja São Francisco de Assis, Ouro Preto	Foto de página inteira da igreja de Aleijadinho. Sem texto
15 JUN 47	Filosofia e liberdade	Francisco Romero
13 JUL 47	Ensaio *Mozart*	Murilo Mendes
10 AGO 47	Influência dos Estados Unidos	Texto de Joaquim Nabuco, de 1876
07 SET 47	A América não pode isolar-se	Discurso de Rui Barbosa, de 1916, citado recentemente pelo presidente americano Harry Truman
05 OUT 47	Definições de poesia	Conferência de Manuel Bandeira na PUC
02 NOV 47	Igreja São Miguel (Rio Grande do Sul) – construída em 1760, por João Batista Primoli	Ilustração de página inteira. Sem texto
30 NOV 47	Um poeta argentino: Ricardo E. Molinari	Artigo de Cecília Meireles, com tradução de poema dele
	Litografia *Cabeça de mulher*	Litografia de José Clemente Orozco

(*cont.*)

25 JAN 48	Conto "Fábula do Manequim"	Conto de Cecília Meireles com pintura do mexicano Galván
29 FEV 48	Alfonsina Storni	Homenagem de Cecília Meireles aos 10 anos da morte da poetisa argentina

Quadro estatístico de freqüência de temas na primeira página do suplemento "Pensamento da América":

	1942	1943	1944	1945	1946	1947	1948	Total
Quantidade de exemplares	12	12	12	11	9	12	2	70
Diplomacia	4 (33,3%)	3 (25%)	5 (41,6%)	4 (36,4%)	1 (11,1%)	2 (16,6%)	0 (0%)	19 (27,1%)
Política	5 (41,6%)	7 (58,3%)	5 (41,6%)	6 (54,5%)	0 (0%)	0 (0%)	0 (0%)	23 (32,8%)
Artes	3 (25%)	2 (16,6%)	2 (16,6%)	1 (9%)	8 (88,8%)	3 (25%)	2 (100%)	21 (30%)
Temas não pan-americanos	0 (0%)	0 (0%)	0 (0%)	0 (0%)	0 (0%)	7 (58,3%)	0 (0%)	7 (10%)

ANEXO 2
Acordos culturais assinados entre o Brasil e os países latino-americanos nas décadas de 1920, 1930 e 1940

País	Acordos assinados
Uruguai	1/8/1921 — Convênio sobre intercâmbio de professores e alunos
Argentina	10/10/1933 — Convênio de intercâmbio intelectual entre o Brasil e a República Argentina*
Argentina	10/10/1933 — Acordo para Permuta de Publicações
Argentina	10/10/1933 — Convênio para revisão dos textos de ensino de história e geografia
Argentina	10/10/1933 — Convênio de intercâmbio artístico entre o Brasil e a República Argentina*
Uruguai	20/12/1933 — Convênio de intercâmbio artístico entre o Brasil e o Uruguai
Uruguai	20/12/1933 — Acordo para permuta de publicações
Argentina	24/05/1935 — Convênio para o fomento de intercâmbio de professores e estudantes entre o Brasil e a Argentina (BsAs)
Multilaterais	23/12/1936 — Convenção para o fomento das relações culturais interamericanas
Multilaterais	23/12/1936 — Convenção sobre facilidade aos filmes educativos ou de propaganda
Multilaterais	23/12/1936 — Convenção sobre intercâmbio de publicações
Multilaterais	23/12/1936 — Convênio sobre facilidades para exposições artísticas
Paraguai	17/4/1937 — Acordo entre o Brasil e o Paraguai para a constituição de uma comissão mista brasileiro-paraguaia para estudos econômicos e culturais
Bolívia	23/6/1939 — Convênio de intercâmbio cultural entre o Brasil e a Bolívia*

(*cont.*)

*Textos originais consultados na Biblioteca do Palácio do Itamaraty.

Cuba	16/9/1940 — Acordo de intercâmbio cultural entre o Brasil e Cuba*
Paraguai	14/6/1941 — Convênio entre as Repúblicas dos Estados Unidos do Brasil e a República do Paraguai para o intercâmbio técnico entre os dois países
Colômbia	14/10/1941 — Convênio de intercâmbio cultural entre a República dos Estados Unidos do Brasil e a República da Colômbia*
Chile	18/11/1941 — Convênio cultural entre o Brasil e o Chile*
Venezuela	22/10/1942 — Convênio de intercâmbio cultural entre os governos da República dos Estados Unidos do Brasil e os Estados Unidos da Venezuela*
República Dominicana	9/12/42 — Convênio de intercâmbio cultural entre o Brasil e a República Dominicana
Equador	24/5/1944 — Convênio de intercâmbio cultural entre a República dos Estados Unidos do Brasil e a República do Equador*
Panamá	06/3/1944 — Convênio cultural entre a República dos Estados Unidos do Brasil e a República do Panamá*
Peru	28/7/1945 — Convênio cultural entre a República dos Estados Unidos do Brasil e a República do Peru*
República Dominicana	7/11/45 — Convênio para permuta de livros e publicações

ANEXO 3
Quem traduziu quem
"Pensamento da América" 1942-1948

Tradutor	Traduzido	Título traduzido	País de origem do autor traduzido
ABGAR RENAULT	Adelaide Crapsey	Poemas *Tríade* e *O Aviso*	EUA
	Allan Seeger	Poema *Terei uma entrevista com a morte* (1916)	EUA
	Louise Bogan	Poema *Canção*	EUA
	Sara Teasdale e Adelaide Crapsey	Dois poemas norte-americanos	EUA
ACÁCIO FRANÇA	Edgardo Garrido Merino	Conto *Ceia de Natal*	Chile
	Manuel Calle	Conto *Recordações de um baile*	Equador
	Soiza Reilly	Conto *Dois contos*	Uruguai
	Rafael Alberto Arrieta	Duas canções de Rafael Alberto Arrieta: *A um Cipreste* e *O Punhal*	Argentina
	Artigas Miláns Martínez	Saudação ao soldado expedicionário do Brasil	Uruguai
	Jack the Ripper, pseudônimo de José Antonio Campos	Conto *Os três corvos*	∅
	Roberto Payró	Conto *Mulher de artista*	∅
	Antonio Bucich	Aventuras de Nicolas Avellaneda	Argentina
	Juan Pablo Echagüe	Em louvor da cultura	Argentina

(*cont.*)

AMÉRICA ARACNÍDEA

Tradutor	Traduzido	Título traduzido	País de origem do autor traduzido
ACÁCIO FRANÇA	Rafael Alberto Arrieta	O túmulo cinqüentenário de Tusitala	Argentina
	Ricardo Saens Hayes	Conto *Tereza de Jesus e Juan de la Cruz*	Argentina
	Carlos Acuña	Conto *A que não tinha coração*	Chile
	Carlos Acuña	Conto *Caçador de dote*	Chile
	Gabriel Landa	Conto *Mercedes "la Mora"*	Cuba
	Artemio de Valle-Arizpe	Conto *Flor de São Francisco*	México
	Eugenio Maria de Hostos	Crônica *No Rio de Janeiro de 1874*	Porto Rico
	José G. Antuña	Conto *Semblante de Pérez Petit*	Uruguai
	José Asunción Silva	Poema *Lázaro*	Colômbia
	Eduardo Benet y Castellón	Poema *Canção do viajor esquivo*	Cuba
	Longsfellow	Poema *A seta e a canção*	EUA
	Artigas Milans Martínez	*Canto do cidadão da América*	Uruguai
	Delmira Agustini	Poema *Oh, tu!*	Uruguai
	T. M. González Barbë	Poema *A glória da América*	Uruguai
	Manuel Ugarte	*O curandeiro*	Argentina
	María B. de Casales	*Um pouco de fumo*	Argentina
	Adolfo Costa du Rels	Conto *O drama do escritor bilingüe*	Bolívia
	Adolfo Costa du Rels	*Prata do diabo*	Bolívia

(*cont.*)

Tradutor	Traduzido	Título traduzido	País de origem do autor traduzido
AFRÂNIO PEIXOTO	Gabriela Mistral	Poema *Oração da mestra*	Chile
ALBERTINO MOREIRA	Ciro Alegría	Dois capítulos de *O mundo é largo e alheio*	Peru
ALMEIDA FISCHER	Eduardo Mallea	Seis poemas para Georgia, à margem de Charles Chaplin	Argentina
ANABELA CIDRIN	Lamenara de Larrota	Poema *Última cena*	Peru
ARDÉN QUIN	Murillo Mendes	Poemas de Murillo Mendes em castelhano	Brasil
ARGEU GUIMARÃES	Stephen Vincent Benet	A quimera de João Smith	EUA
ASCENDINO LEITE	Raul Navarro	O conto na literatura brasileira	Argentina
	Juana de Ibarbourou	Conto *A escada*	México
	Boy	Conto *O banco à porta de minha casa*	Uruguai
BEZERRA DE FREITAS	Henry Wadsworth Longfellow	Poema *O ferreiro da aldeia*	EUA
BRITO BROCA	Hector Pedro Blomberg	Conto *O piano antigo*	Argentina
CARRERA GUERRA	Vachel Lindsay (poeta evangelista)	Poema *A águia esquecida*	EUA
	Walt Whitman	Poema *Quando da última vez floresceram os lilases em frente à porta*	EUA

(*cont.*)

Tradutor	Traduzido	Título traduzido	País de origem do autor traduzido
CECILIA MEIRELES	Ricardo E. Molinari	Poema *Ode*	Argentina
	Emily Dickinson	Poema *I died for beauty*	EUA
	Arturo Cambours Ocampo	*Poema fora do livro*	?
	Alfonsina Storni	*Dor*	Argentina
	Luis Cané	*Romance da menina preta*	Argentina
	Juan Guzman Cruchaga	*Canção*	Chile
	Julio Barrenechea	Quatro poemas de Julio Barrenechea	Chile
	Manuel Magallanes Moure	*Apaisement*	Chile
	Pablo Neruda	*Só a morte*	Chile
	Sara Teasdale	Poesia norte-americana	EUA
	Enrique Peña Barrenechea	*Romance do casamento da negrinha*	Peru
	Parra del Riego	Serenata de Zuray Zurita	Peru
	Haidée de Meunier	Dois poemas de Haidée de Meunier	Uruguai
	José Hernández	Martín Fierro	Argentina
CLÁUDIO TAVARES BARBOSA	Ramón Gómez de la Serna	Greguerias	Argentina
CRISTIANO SOARES	Oliverio Girondo	Poemas de Oliverio Girondo (*Areia; Entardecer; Noturno 8* e *Deserção*)	Argentina

(*cont.*)

Tradutor	Traduzido	Título traduzido	País de origem do autor traduzido
CRISTIANO SOARES	Ramón Gómez de la Serna	Greguerias de Ramón Gómez de la Serna	Argentina
	Pablo Neruda	Poema Angela Adonica	Chile
	Agnes Lee	Canto da mulher na América — poema *Mrs. Malooly*	EUA
	Glenway Wescort	Canto da mulher na América — poema *Eis os ritmos sutis*	EUA
	Margarite Wilkinson	Canto da mulher na América — poema *Sortilégio*	EUA
	Maxwell Bodenheim e Gwendolyn Haste	Poetas modernos norte-americanos	EUA
	Philippe Soupault (francês)	Ode a Bogotá	França/ Colômbia
DANTE MILANO	Pedro Prado	*O menino doente*	Chile
	Vicente Huidobro	Vicente Huidobro — Globe-Trotter	Chile
	Enrique Bustamante y Ballivian	*Amanhecer*	Peru
	Jules Supervielle (poeta francês nascido no Uruguai)	Uruguai, por Jules Supervielle	Uruguai
	Vicente Huidobro	*Arte poética*	Chile
DOMINGOS CARVALHO DA SILVA	Alfonsina Storni	Poema *A carícia perdida*	Argentina
	Pablo Neruda	Quatro poemas de amor de Pablo Neruda	Chile
	Archibald Mac Leish	Poema *A morte em Espanha*	EUA
	Charles Edward Eaton	*Canção de amor*	EUA
	Juana de Ibarbourou	Poema *O encontro*	México

(*cont.*)

AMÉRICA ARACNÍDEA

Tradutor	Traduzido	Título traduzido	País de origem do autor traduzido
EDUARDO SANCHO	Jules Supervielle	Dois poemas de Jules Supervielle	Uruguai
EYDHER PESTANA	Santos Chocano	Poemas de Santos Chocano	Peru
FRANCISCO ARMOND	Jorge Isaacs	A caça ao tigre	Colômbia
	Ricardo Palma	A Perricholi (Micaela Villegas)	Peru
GASTÓN FIGUEIRA	Murillo de Araújo	Poemas de Murillo de Araújo em castelhano	Uruguai/Brasil
GONÇALO ARACATY	Navajos	Poesia dos índios da América do Norte — Canção da chuva	EUA
	Papagos	Poesia dos índios da América do Norte — Canção de amor	EUA
	Shoshones	Poesia dos índios da América do Norte — Não te aproximes de meus cantares	EUA
	Shoshones	Poesia dos índios da América do Norte — Nem espírito nem ave	EUA
GONÇALO CORSO	Vicente Huidobro	Fragmento *Tremor de céu*	Chile
HENRI DE LANTEUIL	Ricardo Palma	Uma aventura do vice-rei-poeta	Peru
	Jorge Isaacs	Poema *Senhor, tenha pena de mim!*	Colômbia
	José Miguel Ferrer	*Estancia do nivelamento na vida e na dor*	Venezuela
	José Miguel Ferrer	*A bela do Brasil*	Venezuela

(cont.)

Tradutor	Traduzido	Título traduzido	País de origem do autor traduzido
HENRIQUETA LISBOA E TASSO DA SILVEIRA	Gabriela Mistral	Poemas de Gabriela Mistral — *Embalando* e *Dá-me tua mão*	Chile
HERMÁN LIMA	Alejandro Fernández García	Conto *A bandeira*	Venezuela
	Eugenio Julio Iglesias	Conto *Dom Segundo Sombra*	Argentina
	Baltazar Castro	Conto *Rebelião*	Chile
	Victor Arreguine	Conto *Mandinga*	Uruguai
JAYME ALVES DE LEMOS	Agustín Cueva Tamariz	Letras do Equador: As *lições de D. Frederico González Suárez*	Equador
	Luis Yépez Calisto	Letras do Equador: Juan Montalvo	Equador
	Leopoldo Benites Vinueza	Letras do Equador — *Rumo ao Mistério*	Equador
	Enrique Kemff Mercado	Conto *O tesouro do Guaraio*	Bolívia
	Hugo Renê Pol	Resposta da América Latina a Papini	Bolívia
	D. Juan José Arévalo	Letras guatemaltecas: D. Juan José Arévalo e a nova orientação democrática de Guatemala	Guatemala
	M. de J. Troncoso de la Concha	Narrações dominicanas: A *virgem das mercês*	Rep. Dom.
JOÃO CABRAL DE MELO NETO	Amy Lowell	Poema *Lilases*	EUA

(*cont.*)

AMÉRICA ARACNÍDEA

Tradutor	Traduzido	Título traduzido	País de origem do autor traduzido
JOAQUIM CARDOSO	Ezra Pound	Poema *Itê*	EUA
	Conrad Aiken	Poema *Retrato de moça*	EUA?
	William Carlos Williams	Poema *Figura métrica*	EUA
JORGE DE LIMA	Edgar Lee Masters	Poema *A colina*	EUA
	Edgar Lee Masters	Poema *Lucinda Matlock*	EUA
	Robinson Jeffers	Poemas *Nuvens noturnas; Credo*	EUA
	Amado Nervo	*A irmã melancolia*	México
JORGE DUARTE	Carlos Montenegro	*A bruxa* — Conto de Carlos Montenegro	Cuba
JOSÉ CESAR BORBA	Lídia Cabrera	*O morro de Mambiala*	Cuba
	José Joaquim Silva	*A caçada* — Conto da serra equatoriana	Equador
	Teresa Lamas Carisimo de Rodríguez Alcala (1ª mulher paraguaia a publicar um livro de prosa)	Um episódio de *La Residenta*	Paraguai
	Peter Monro Jack	Romance do Peru, de Ciro Alegria A propósito de *El Mundo es ancho y ajendo*	Peru
	Cayetano Coll Y Toste	*Guanina*	Porto Rico
	Antonio Arraz	*Não são brancas as bejarano*	Venezuela
	Benjamin Baena Hoyos	Poema *A menina de voz azul*	Colômbia
	Eduardo Mallea	*O capitão*	Argentina
	José Eustásio Rivera	*La Voragine,* romance colombiano	Colômbia
	Gastón Figueroa	*Creio em ti, Panamérica* (*)	Uruguai

(*cont.*)

Tradutor	Traduzido	Título traduzido	País de origem do autor traduzido
LEDO IVO	Fabio Fiallo	No atrio	Rep. Dom.
LUIS DA CÂMARA CASCUDO	Walt Whitman	Três poemas de Walt Whitman: *For you, o Democracy!*; *I hear America singing* e *The lase of all metaphysics*	EUA
	Alfonso Reyes	Conferência *O Brasil numa castanha* (feita a 24/2/42, no México)	México
M.C.	Ruben Darío	Poema *Noturno*	Nicarágua
MANOEL MOREYRA	Archibald Mc Leish	Poema *1892-19...*	EUA
MANUEL BANDEIRA	Pedro Juan Vignale	Poema Rosa d'Alva	Argentina
	Patricia Morgan	Um poema de Patricia Morgan	Chile
	Patricia Morgan	Poema *Renúncia*	Chile
	José Asunción Silva	Poema *Noturno*	Colômbia
	Langston Hugues	Poema *Aspiração*	EUA
	Manuel Gutiérrez Nájera	Poema *Último instante*	México
	Jorge Luis Borges	*Um patio*	Argentina
	Pedro Juan Vignale	*Rosa d'Àlva*	Argentina
	Pablo Neruda	Poesia chilena — Penetração na Madeira	Chile
	Patricia Morgan	Um poema de Patricia Morgan	Chile
	Patricia Morgan	Poesia de Patricia Morgan	Chile
	José Asunción Silva	*Noturno*	Colômbia
	Federico García Lorca	*Toada de negros em Cuba*	Espanha/Cuba

(*cont.*)

AMÉRICA ARACNÍDEA

Tradutor	Traduzido	Título traduzido	País de origem do autor traduzido
MANUEL BANDEIRA	Langston Hugues	Poemas de Langston Hugues	EUA
	Archibald McLeish	*Chartres* e *1892-19...*	EUA?
	Juana Inés de la Cruz	Soror Juana Inés de la Cruz *Doce Tormento*, séc. XVII	México
	Manuel Gutiérrez Nájera	*Último instante*	México
	Salvador Días Mirón	*A um pescador* — poema	México
	Pablo Neruda	Conto *O habitante e sua esperança*	Chile
MARIA DA SAUDADE CORTESÃO	T.S. Eliot	Poema *Coro das mulheres de Cantuaria*	EUA
	W.H. Auden	*Poema*	EUA
	Amado Nervo	Poesia mexicana — *Perto do inverno*	México
MARIO GALLO	Javier Viana	*O peão*	Uruguai
MARQUES RABELLO	Alvaro de Silva	Conto *Vinho García*	Chile
	Walt Whitman	*Excelsior*	EUA
MARTINS NAPOLEÃO	Alfredo Flores	*Hurtado, o bandoleiro* — conto	Bolívia
MAURICIO WELLISCH	Augusto Céspedes	*O poço* — conto de Augusto Céspedes	Bolívia
	Ricardo Palma	A "Tradiciones" de Ricardo Palma	Peru
	Edgar Allan Poe	*O corvo*	EUA
MILTON AMADO	Nicolás Guillén	*Calor*	Cuba

(cont.)

Tradutor	Traduzido	Título traduzido	País de origem do autor traduzido
NATALÍCIO DE AMORIM	J. M. Cartiñeira de Dios	Página de poesia argentina contemporânea — *Da menina única*	Argentina
NATANAEL DE BARROS	Leopoldo Marechal	Poema *Ode didático da mulher*	Argentina
	Leopoldo Marechal	Página de poesia argentina contemporânea — *Da adolescente*	Argentina
	Oliverio Girondo	Página de poesia argentina contemporânea — *Poema 3*	Argentina
	Ricardo Molinari	Página de poesia argentina contemporânea — *Não sei se cantando seca o vento*	Argentina
	Nezahualcoyotl	Poesia dos índios mexicanos	México
	Mario Bravo	Poema *Canción de la casa vacia*	Argentina
OLEGÁRIO MARIANO	Eduardo Mallea	*Paixão da América*	Argentina
OSCAR MENDES	Carl Sandburg	Poema *Sim, o povo!*	EUA
OSWALDINO MARQUES	Carl Sandburg	Poema *A relva*	EUA
	Carl Sandburg	Poemas *A grade*; *Expresso*; *Jean Kubelik*	EUA
	Countee Cullen (poeta negro)	Poemas *Há uma coisa que me assombra*; *Para uma senhora branca*; *Incidente*; *Uma negrinha morta*	EUA
	James Weldon Johnson	Poema *Para a América*	EUA
	James Weldon Johnson	Poema *Mãe preta*	EUA

(*cont.*)

Tradutor	Traduzido	Título traduzido	País de origem do autor traduzido
OSWALDIN MARQUES	Charles Edward Eaton	O poeta Charles Edward Eaton	EUA
	Walt Whitman	Poesia *Canto das exultações*	EUA
	Longfellow	*O ferreiro da aldeia*	EUA
OSWALDO ORICO	Sherwood Anderson	O conto norte-americano: *Sementes*	EUA
OTHON GARCIA	T. S. Eliot	A Função social do poeta	EUA
PIZARRO DRUMMOND	Edgar Lee Masters	Poemas do "Spoon River" *Howard Lamson; Emily Sparks, George Gray* e *Sam Hookey*	EUA
	T. S. Elliot	Poema *A rocha*	EUA
	T.S. Elliot	Poema *Os homens ocos*	EUA
	Archibald McLeish	Dois poemas de Archibald McLeish — *Prologo* e *Ars Poetica*	EUA
	Jorge Icaza	Morte de Cunshin — Fragmento do romance Huasipungo)	Equador
PLÁCIDO E SILVA	Jesus Lara	Lirismo do altiplano quéchua	Bolivia
REYNALDO VALVERDE	Yolanda Bedregal e Nery Nava	Duas poetisas bolivianas	Bolívia
	Jorge Carrera Andrade, Manuel Agustín Aguirre e Jorge Reyes	Poesia equatoriana	Equador
	César Vallejo	Poema *Idílio morto*	Peru
	José María Arguedas	Cantos índios	Peru
	Juana de Ibarbourou	*Fruto do trópico*	Uruguai
	Alfonsina Storni	Poema *Tu me queres branca*	Argentina

(*cont.*)

Tradutor	Traduzido	Título traduzido	País de origem do autor traduzido
RIBEIRO COUTO	Alfonsina Storni	Poesias *A carícia perdida* e *Tu me queres branca*	Argentina
	Fernandez Moreno	O poeta argentino Fernandez Moreno (10 poemas)	Argentina
	Fernández Moreno	*A anunciação*	Argentina
	Gabriela Mistral	Poema *País da ausência*	Chile
	Gabriela Mistral	*Terra do índio*	Chile
	Nicolás Guillén	*Sensemaiá canto para matar uma cobra*	Cuba
	Longston Anghes	Poemas do poeta negro Longston Anghes	EUA
	Alvaro Figueiredo	*Vésperas da alma*	Uruguai
	José Asunción Silva	A poesia crepuscular de José Asunción Silva	Uruguai
	Jules Supervielle	*Floresta*	Uruguai
	Alejandro Korn	Conto *Ação*	???
ROSÁRIO FUSCO	Euclides da Cunha	Tradução norte-americana de Os sertões	Brasil
SAMUEL PUTNAM	Carlos Fernández Cabrera	*Os polacos*	Cuba
SERGIO CORREA DA COSTA	Ventura García Calderón	*Yacú-mamá*	Peru
	Edna St. Vincent Millay	Poema *Os lábios que meus lábios beijaram*	EUA
SERGIO MILLIET	Langston Hugues (poeta negro, viveu no México)	A poesia de Langston Hugues (*O crime*; *Metade metade*; *Jazzonia*; *O negro fala dos rios*; *Eu também canto a América* e *Híbrido*)	EUA

(*cont.*)

Tradutor	Traduzido	Título traduzido	País de origem do autor traduzido
SERGIO MILLIET, GUILHERME DE ALMEIDA E OSWALDINO MARQUES	Walt Whitman	A ti, democracia	EUA
SÉRVULO DE MELLO	Walt Whitman	Saudação ao mundo	EUA
	Alonso de Ercilla y Zuñiga	Poema *Descrição do Chile* (séc. XVI)	Chile
SILVIO DA CUNHA	Fabio Fiallo	Versos do poeta dominicano Fabio Fiallo (*Rosas e lírios*; *Pela verde alameda*; *Só eu* e *Fria e Cruel*)	Rep. Dom.
SILVIO JULIO	Eduardo Wilde (diplomata)	Conto *Nada em quinze minutos*	Argentina
SOLENA BENEVIDES VIANA	José Enrique Rodó	Conto *A pampa de granito*	Uruguai
SILVIO DA CUNHA	Walt Whitman	Poemas de Walt Whitman	EUA
TASSO DA SILVEIRA	Walt Whitman	Dois fragmentos de Walt Whitman	EUA
	José Asunción Silva	Poesia de José Asunción Silva Noturno n.3	Colômbia
VICTOR PENTAGNA	Waldo Frank	A terra do pioneiro	EUA
VINICIUS DE MORAES	Francisco Espinola	Conto de Francisco Espinola	Uruguai
	Robert Frost	Poema *O telefone*	EUA
WILLY LEWIN	T. S. Eliot	Poema *Um novo começo*	EUA
	Archibald Mc Leish	Poema *O que nasceu muito tarde*	EUA
	Antonio José de Sainz	Alma errante	Bolívia
ZULEIKA LINTZ	Arturo Oblitas	*Crepúsculo*	Bolívia
	Donato Olmos Peñaranda	*Mãe América*	Bolívia

*O texto deste livro foi composto em Sabon,
desenho tipográfico de Jan Tschichold de 1964
baseado nos estudos de Claude Garamond e
Jacques Sabon no século XVI, em corpo 11/15.
Para títulos e destaques, foi utilizada a tipografia
Frutiger, desenhada por Adrian Frutiger em 1975.*

*A impressão se deu sobre papel off-set 90g/m²
pelo Sistema Cameron da Divisão Gráfica
da Distribuidora Record.*